<그리스도인이면 꼭 알아야 할 성경 지식>

누가복음

제1권

나를 따라오라(1-5장)

서울솔로몬학교 성경연수원

차 례

이 책에 인용된 성경 구절은 〈한글킹제임스성경〉입니다.

제1과

성령으로 잉태한 마리아(1장)

『그 천사가 대답하여 그녀에게 말하기를 "성령께서 너에게 임하실 것이며, 가장 높으신 분의 능력이 너를 덮으리니, 그러므로 너에게서 탄생하실 그 거룩한 이는 하나님의 아들이라 불리리라』(눅 1:35).

큰 기쁨의 좋은 소식

누가복음은 바울의 동료 선교사였던 『**사랑하는 의사**』(골 4:14) 누가에 의해 기록되었다. 총 24장, 1,151구절, (영어 〈킹제임스성경〉의 경우) 25,939단어로 구성된 누가복음은 그 기록된 시간과 장소가 정확하지 않으며, 다만 사도행전 이전에 기록되었다는 점만이 분명하게 드러난다(행 1:1, A.D. 58-60년).

누가복음은 그리스도의 계보를 첫 번째 사람인 아담까지 추적하고 있으며(눅 3:38), 그렇기에 주제가 "인자"이신 예수 그리스도이시다.

누가복음의 관점은 특별히 "이방인"을 향해 있다. 『**보라, 이는 내가 너희에게 큰 기쁨의 좋은 소식을 알림이니 이것은 모든 백성을 위한 것이라**』(눅 2:10). 『**이방인들에게 비치는 빛이요, 주의 백성 이스라엘의 영광이옵니다**』(눅 2:32). 또한 누가복음에는 "유대인"의 무게 단위인 "달란트의 비유"(마 25:14-30) 대신 "이방인"의 무게 단위인 "므나의 비유"가 등장한다(눅 19:11-27).

누가복음에는 누가복음에서만 볼 수 있는 내용들이 있는데, "선한 사마리아인의 비유," "돌아온 탕자의 비유," "부자와 나사로"의 이야기가 등장하는 유일한 복음서가 바로 누가복음이다. 또한 누가복음에는 마태복음이나 마가복음, 요한복음에서는 볼 수 없는 침례인 요한의 출생과 예수 그리스도의 탄생에 관한 실제적인 내용들이 있다. 또한 누가복음에는 십자가 위에서 죽어 가는 강도의 대화 내용이 있기 때문에, 만일 누가복음이 없다면 주 예수 그리스도의 지상 사역에 관한 완벽한 그림을 볼 수 없게 된다.

침례인 요한의 잉태를 고지하는 가브리엘

『그 천사가 그에게 말하기를 "사카랴야, 두려워 말라. 너의 기도가 상달되어 네 아내 엘리사벳이 네게 아들을 낳아 주리니, 그의 이름을 요한이라 하라』(13절).

『우리 가운데서 가장 확실히 믿게 되었던 일들의 실상에 관하여 정연하게 기록하려고 손을 댄 사람이 많았으니』(1절). 누가복음이 기록되기 시작할 무렵에는 이미 유포되고 있던 "복음서들"이 있었다. **1세기의 믿는 유대인들이 기록은 했지만, 후대에는 잃어버린바 된 그리스도의 생애에 관한 내용들이 있었던 것이다.** 누가는 데오빌로가 배운 것들이 확실함을 알게 하려고 누가복음을 기록했다(3,4절). 데오빌로가 배웠던 것들은 "성경"에 기록된 그리스도에 관한 것들이었다(요 5:39).

유대왕 헤롯 때에 아비야의 계열에 사카랴라 하는 제사장이 있었고, 그의 아내는 아론의 딸들 중 하나로 그 이름은 엘리사벳이었다(5절). 그 두 사람은 하나님 앞에 의로워서 주의 모든 계명과 율례를 흠 없이 행했다(6절). 우리는 여기서 두 사람의 "**행위**"에 주목해야 하는데, 왜냐하면 **누가복음 1장이 여전히 구약적 상황이기 때문**이다. 즉 구약적 의로움과 신약적 의로움에는 차이가 있다. 구약 시대의 사람들은 옳은 일을 행하고 계명들 안에서 행하였다는 이유로 의롭게 여겨졌다. **『만일 우리가 주께서 우리에게 명령하신 대로 주 우리 하나님 앞에서 이 모든 계명들을 지켜 행하면, 그것이 우리의 의가 되리라." 할지니라』**(신 6:25). 이 점은 초림 때 한 부유한 젊은 관원이 예수님께로 다가와 **『선한 선생님, 내가 영생을 얻으려면 어떤 선한 일을 해야 하리이까?』**(마 19:16)라고 물었을 때, 예수님께서 **『네가 생명으로 들어가기를 원한다면 계명들을 지

키라.』(마 19:17)라고 하신 것과 맥을 같이한다.

그러나 신약의 은혜 아래에서는『**우리가 행한 의로운 행위에 의하지 않고 그의 자비하심에 따라 중생의 씻음과 성령의 새롭게 하심으로 우리를 구원하셨으니**』(딛 3:5)와 같은 원칙을 따른다. 구약 시대에 구원은 **하나님께서 인간에게 행하라고 하신 말씀을 신뢰하는 개개인의 "믿음"과 그 믿음을 따라 행하는 "행위"의 결합**으로 이루어진 반면, 신약 시대에는『**율법 없이 하나님의 의**』(롬 3:21)로 이루어진 구원을 받아야 한다. 즉『**행함이 없어도 불경건한 자를 의롭다 하시는 그분을 믿는 사람에게는 그의 믿음이 의로 여겨지**』는 것이다(롬 4:5).

사키랴의 아내인 엘리사벳은『**아론의 딸들 중 하나로**』(5절) 레위 지파 출신이었다. 그런데 본문 36절에서는 "마리아의 사촌 엘리사벳"이라고 불린다. 그런데 마리아는 유다 지파 출신이었다. 두 여인이 서로 다른 지파 출신이었는데도 친척 관계를 형성할 수 있었던 이유가 출애굽기에서 발견된다.『**아론은 암미나답의 딸이요 나아손의 누이인 엘리세바를 아내로 삼고 그녀가 그에게 나답과 아비후와 엘르아살과, 이다말을 낳았더라**』(출 6:23). 아론은『**암미나답**』의 딸과 결혼을 했는데, 이 암미나답이 유다 지파 출신이다(대상 2:10). 따라서 레위 지파와 유다 지파가 "결혼"을 통해 친척 관계를 형성했던 것이다. 이 점은 예수 그리스도의 예표가 되는데, 유다는 왕의 지파이고, 레위는 제사장의 지파로서 예수 그리스도께서『**유대인의 왕**』(마 2:2)이자『**만왕의 왕**』(딤전 6:15)이실(유다 지파) 뿐만 아니라, 우리의 위대한『**대제사장**』(히 3:1)이시기도(레위 지파) 하다는 점에서 읽을 수 있다. 레위 지파인 아론이 유다 지파와 혼인함으로써 두 지파가 아론 안에서 합쳐지게 된 것이다.

나이 많은 사카랴와 엘리사벳에게는 아브라함과 사라처럼(롬 4:19) 아이가 없었다(7절). 이는 하나님의 개입을 통해서만 아이를 가질 수 있었다는 것을 의미하는데, 이로써 엘리사벳은 기적적인 출생 경험으로 "마리아를 통한 예수 그리스도의 동정녀 탄생"을 예시해 주는 일곱 여인들 가운데 하나가 된다(사라 - 창 11:30, 리브카 - 창 25:21, 라헬 - 창 30:1, 마노아의 아내 - 판 13:2, 한나 - 삼상 1:2, 수넴의 훌륭한 여인 - 왕하 4:14, 엘리사벳 - 눅 1:7). 이 일곱 여인이 낳은 그 자녀는 "예수 그리스도의 예표"였다. 즉 사라는 예수 그리스도의 예표인 "이삭"을 낳았다(갈 3:16, 히 11:17-19). 리브카는 『통치자』(단 8:25; 9:25, 행 3:15; 5:31)로서 예수 그리스도의 예표라 할 수 있는 "야곱"을 낳았다. 라헬은 성경에서 예수 그리스도의 가장 위대한 예표인 "요셉"을 낳았다. 마노아의 아내는 일생 동안 죽인 숫자보다 자신이 죽을 때에 더 많은 수의 필리스티아인들을 죽인 "삼손"을 낳았다. 삼손은 죽음을 통해 마귀를 이기는 승리를 가져다주신 예수 그리스도를 예표한다(히 2:14,15). 한나는 사무엘을 출산했고, 한나는 아들의 출생을 통해 "예수 그리스도의 재림"을 예언했다(삼상 2장). 수넴의 훌륭한 여인의 아들은 그리스도처럼 "부활"했다. 엘리사벳의 아들("침례인 요한")은 초림 당시 유대인들이 혼동할 정도로 "선지자"로서의 사역(신 18:18,19)에 있어서 예수 그리스도와 흡사하다(요 1:21, 마 14:1,2; 16:13,14).

사카랴가 제사장 직무의 관례에 따라 주의 성전에 들어가 향을 피우는 일에 뽑혔을 때(9절), 그는 성전에서 금제단에 향을 올렸다. 하루 중 『**향을 피우는 그 시간**』(10절)은 아침과 정오와 저녁 이렇게 세 번 있었는데(시 55:17, 단 6:10), 베드로와 요한 역시 『**제구시**[즉 오후 3시] **기도 시간에 함께 성전으로**』(행 3:1) 올라갔다. 사카랴는 성전에서 금제단에 향을 올리는 동안 아이를 주시라는 기도를 드렸다(13절). 성경에서 향은 기도를 상징한다(시 141:2, 계 5:8). 하나님께서는 천사 가브리엘(19절)을 보내어 침례인 요한의 출생을 알려 주심으로써 그 기도에 응답하셨다(11-13절). 하지만 사카랴는 가브리엘을 통해 주신 말씀을 믿지 않았기 때문에 요한이 태어날 때까지 벙어리가 되었다(20절). [참고로, 가브리엘은 다니엘 8:16과 9:21에서 다니엘에게 나타나 말을 건네며, 칠십 주에 관한 계시를 주었던(단 9:24-27) 바로 그 천사이다. 누가복음 1:26-33에서는 마리아에게 나타나 그리스도의 탄생을 알려준다. 가브리엘은 두려움에 사로잡혀 있는 사카랴에게 『**네 아내 엘리사벳이 네게 아들을 낳아 주리니, 그의 이름을 요한이라 하라.**』(13절)라고 했는데, 침례인 요한은 성경에서 태어나기 전에 이름이 지어진 여섯 인물들 가운데 한 명이다(이스마엘 - 창 16:11, 이삭 - 창 17:19, 요시야 - 왕상 13:2, 코레스 - 사 44:28, 45:1, 예수 그리스도 - 눅 1:31, 마 1:21)이 있다. 침례인 요한은 『**주의 목전에 위대한 자가 될 것이**』었고(15절, 『**여자에게서 태어난 사람 가운데 침례인 요한보다 더 큰 사람은 일어난 적이 없었느니라.**』 - 마 11:11), 태에서부터 『**포도주나 독주도 마시지 아니하**』는 나실인의 서원을 준수하도록 부름받았으며(판 13:4,5,7,14), 『**모태에서부터 성령으로 충만**』했다(15절). 침례인 요한은 예레미야처럼 태에서부터 선지자로서 부름을 받은 인물이었다(렘 1:5).]

사람들은 사카랴를 기다리며 그가 성전 안에서 오래 지체함을 이상히 여겼고, 사카랴는 벙어리가 된 채로 성전에서 나왔다. 사람들은 그가 성전에서 환상을 본 줄로 알았는데, 이는 그가 그들에게 손짓을 해 보이며 말을 못한 채로 있었기 때문이다. 자기 직무 기간을 마친 사카랴는 곧 자기 집을 향해 출발했고, 이후 엘리사벳이 임신하여 다섯 달 동안을 숨어 지냈다(21-25절).

■ 새롭게 깨달았거나 적용할 내용이 있다면 적어 보세요. ■

침례인 요한의 사역에 관한 예언

『또 그는 많은 이스라엘의 자손을 그들의 하나님이신 주께로 돌아오게 하리라. 그는 엘리야의 영과 능력을 가지고 주 앞에 앞서 가서 아비들의 마음을 자식들에게로, 불순종한 자들을 의인들의 지혜로 돌아오게 하며, 주를 위하여 마련해 놓은 백성을 예비시키리라." 고 하더라』(16,17절).

가브리엘이 사카랴에게 전해 주고 있는 말씀은 "재림"에 관한 내용이다. 본 17절은 말라키 4:5,6에서 인용한 내용이다. 『**보라, 내가 주의 크고 무서운 날이 오기 전에 선지자 엘리야를 너희에게 보내리니, 그가 아비들의 마음을 자식들에게로, 자식들의 마음을 그들의 아비들에게로 돌이켜, 내가 와서 땅을 저주로 치지 않게 하리라**』(말 4:5,6). 이 말씀에 따르면 엘리야는 재림 때 그리스도의 선두주자가 될 것이다. 그러나 가브리엘의 말에 따르면 침례인 요한은 초림 때 예수 그리스도의 선두주자가 된다.

이러한 요한은 엘리야의 『영과 능력을 가지고』 왔는데, 이로써 요한은 초림 때 말라키 4:5,6의 예언을 성취할 수도 있는 인물로 나타났던 것이다. 단, 조건이 있는데, 유대인들이 그리스도에 관한 요한의 증거를 "받아들이면" 그렇게 되는 것이다. 『**만일 너희가 그것을 받을 의향만 있다면, 오기로 되어 있는 엘리야가 바로 그 사람이니라**』(마 11:14). 그러나 유대인들은 침례인 요한을 받아들이지 않았다. 『**과연 엘리야가 먼저 와서 모든 것을 회복할 것이라. 그러나 내가 너희에게 말하노니, 엘리야가 이미 왔으나 사람들이 그를 알아보지 못하고 그들 마음대로 대하였도다**』(마 17:11,12). 이로써 말라키 4:5,6의 예언은 침례인 요한에게 성취되지 못하고 재림 때로 연기되었다. 하나님께서는 유대인들이 취하게 될 태도에 따라 둘 중 어느 방향으로든 흘러갈 수 있도록 상황을 유연하게 만들어 놓으셨던 것이다.

예수님의 탄생을 고지받은 마리아

『그 천사가 그녀에게 말하기를 "마리아야, 두려워 말라. 이는 네가 하나님의 은총을 받았음이니라. 보라, 네가 너의 태 안에 임신하여 한 아들을 낳으리니 그의 이름을 **예수**라 하라. 그는 위대하게 될 것이며, 가장 높으신 분의 아들이라 불릴 것이요, 또 주 하나님께서 그에게 그의 조상 다윗의 보좌를 주실 것이며 그는 야곱의 집안을 영원히 통치할 것이요 그의 왕국은 무궁하리라."고 하니라』(30-33절).

엘리사벳이 침례인 요한을 임신한 지 여섯째 달에 하나님께서 천사 가브리엘을 나사렛이라고 하는 갈릴리의 한 성읍에 보내셔서 다윗의 가문에 요셉이라고 하는 남자와 정혼한 한 처녀, 곧 마리아에게로 가게 하시어(26,27절) 예수님의 탄생을 고지하게 하셨다. 『**그 천사가 그녀에게 와서, 말하기를 "기뻐하라. 은총을 받은 자여, 주께서 너와 함께하시니 너는 여자 중에서 복받은 자로다."라고 하니 그녀가 천사를 보고 그가 전하는 말에 몹시 당황하여 이런 인사가 어떻게 된 것인가 생각하고 있을 때에**』(28,29절) 가브리엘은 위의 본문(30-33절)과 같이 예수님의 탄생을 마리아에게 고지했다. 마리아는 『**성령께서 너에게 임하실 것이며, 가장 높으신 분의 능력이 너를 덮으리니, 그러므로 너에게서 탄생하실 그 거룩한 이는 하나님의 아들이라 불리리라. 보라, 너의 사촌 엘리사벳도 그 늙은 나이에 아들을 배었는데 잉태하지 못한다 하던 그녀가 이**

미 여섯 달이 되었느니라. 하나님께는 불가능한 일이 전혀 없느니라.』(35-37절) 라는 말을 듣고 "믿었다." 이 점이 그녀가 사카랴와 다른 점이다. 『**보소서, 주의 여종이오니 당신의 말씀대로 이루어지이다**』(38절).

마리아는 천사 가브리엘에게 "**내가 남자를 모르는데, 어찌 이런 일이 있을 수 있겠나이까?**"(34절)라고 했는데, 성경은 하나님께서 네 가지 서로 다른 방식으로 인간을 만드신다고 말씀한다. 즉 어떤 남자와 여자와도 무관하게 흙으로 만드실 수 있다(아담 - 창 2:7). 또한 어떤 여자와 무관하게 한 남자를 통해 만드실 수 있다(이브 - 창 2:22). 한 남자와 한 여자의 정상적인 결합을 통해서도 만드실 수 있다(카인과 아벨 - 창 4:1,2). 마지막으로 주 예수 그리스도의 경우처럼 어떤 남자와 무관하게 한 여자를 통해 인간을 만드실 수 있다. 『**하나님께는 불가능한 일이 전혀 없느니라**』(37절).

천사 가브리엘은 요셉에게도 예수님의 탄생을 고지했으며(마 1:18-25), 그때는 『**자기 백성을 그들의 죄들에서 구원**』(마 1:21)하기 위해 오시는 주님에 대해서 강조했다. 반면 누가복음에서는 예루살렘의 시온 산에 있는 문자적이고 가시적이며 물리적인 보좌 위에 앉아 통치하기 위해 오시는 점에 대해 강조했다. 『**또 주 하나님께서 그에게 그의 조상 다윗의 보좌를 주실 것이며**』(32절).

재림하시는 예수 그리스도께서는 "문자적인" 왕으로서 예루살렘에 있는 "문자적인" 보좌에 앉으시어 온 땅을 다스리실 것이다(슥 14장). 이 일은 다가올 미래에 있게 된다. 『**인자가 그의 영광 중에 오고, 또 모든 거룩한 천사들이 그와 함께 오면 그때에 그가 그의 영광의 보좌에 앉으리니**』(마 25:31). 주님께서 앉으실 『**보좌**』는 정치적인 왕국의 보좌이다. 『**예수께서 그들에게 말씀하시기를, "진실로 내가 너희에게 말하노니, 나를 따르는 너희들은 인자가 자기 영광의 보좌에 앉을 새 세대에, 너희도 열두 보좌에 앉아 이스라엘 열두 지파를 심**

판하리라』(마 19:28). 『**자기 영광의 보좌**』는 이스라엘의 왕들이 앉아 통치했던 바로 그 보좌이다. 『**주의 이름을 위하여 우리를 미워하지 마소서. 주의 영광의 보좌를 욕되게 하지 마소서. 우리와 더불어 세우신 주의 언약을 기억하시고 파기하지 마소서**』(렘 14:21). 『**솔로몬이 그의 아버지 다윗을 대신하여 왕으로서 주의 보좌에 앉으니 번영을 이루었으며 온 이스라엘 그에게 복종하였더라**』(대상 29:23). 다윗의 보좌는 『**주의 보좌**』였으며, 예수 그리스도께서 천년왕국에서 통치하실 때 그 보좌에 앉아 다스리실 것이다. 『**그 때에 사람들은 예루살렘을 주의 보좌라 부를 것이며 주의 이름으로 모든 민족들이 그곳 예루살렘에 모일 것이며 사람들은 더 이상 그들의 악한 마음의 상상을 따라 행하지 아니하리라**』(렘 3:17). 예수 그리스도의 이러한 통치는 천년왕국을 지나 "영원"으로 이어질 것이다(33절). 『**이는 우리에게 한 아이가 태어났고 우리에게 한 아들이 주어졌음이니, 정부가 그의 어깨 위에 있을 것이요... 그의 정부와 화평의 증가함이 다윗의 보좌와 그의 왕국 위에 바르게 세워지고, 지금부터 영원까지 공의와 정의로 그것을 굳게 세우는 데 끝이 없으리라**』(사 9:6,7).

"재림"에 관한 마리아의 예언

『그때 마리아가 말하기를 "내 혼이 주를 드높이며 내 영이 하나님 내 구주 안에서 기뻐하였도다. 이는 주께서 자기 여종의 낮은 지위를 살펴보셨음이니, 보라, 이제부터는 모든 세대가 나를 복받은 사람이라고 부르리라. 전능하신 분이 위대한 일을 내게 행하셨으니 그분의 이름이 거룩하시도다. 주의 자비가 주를 두려워하는 자들에게 대대로 있도다. 주는 자기 팔로 힘있는 일을 하셨으며, 마음의 상상이 교만한 자들

> 을 흩으셨느니라. 그분은 권세자들을 권좌에서 끌어내리고 비천한 자들을 높이셨느니라. 그분은 굶주린 자들을 좋은 음식으로 배부르게 하시고 부자들을 빈손으로 보내셨느니라. 그분은 그의 자비를 기억하여 자기의 종 이스라엘을 도우셨으니 우리 조상들과 아브라함과 그의 씨에게 영원히 말씀하신 것처럼 하신 것이라."고 하니라』(46-55절).

천사 가브리엘에게 수태고지를 받은 마리아는 유다의 한 성읍에 있는 엘리사벳을 황급히 방문했다(39,40절). 엘리사벳이 마리아의 문안함을 듣자 아기가 태에서 뛰었고, 엘리사벳은 성령으로 충만하여 『**너는 여자들 가운데 복이 있으며 너의 태의 열매가 복이 있도다. 내 주의 모친이 내게 오시다니 이 어찌된 일인가? 보라, 너의 문안하는 음성이 내 귀에 들리니 내 태의 아기가 기뻐서 뛰었도다. 믿은 여자는 복이 있도다. 이는 주께서 그녀에게 말씀하신 것들이 이루어질 것이기 때문이라.**』(42-45절)라고 했다. 이 말을 들은 마리아가 위의 본문처럼 예언을 했는데, 여기서 우리는 두 가지 사항에 주목해야 한다.

첫째, 마리아는 "구주"를 필요로 하는 "죄인"에 불과하다는 점이다. 『**내 영이 하나님 내 구주 안에서 기뻐하였도다**』(47절). 죄 없는 구주를 낳기 위해서는 "마리아 자신이 죄가 없어야 한다."라는 "무염시태"(Immaculate Conception)의 로마카톨릭 교리는 결코 예수 그리스도의 동정녀 탄생에 관한 성경적인 교리가 아니다. 마리아는 그녀 자신이 죄 가운데 있는 불결한 존재이기에(욥 25:4, 시 51:5) 누가복음 2:22-24에서 『**그녀의 정결례**』를 위한 제물을 드리기도 했다. 또한 그녀의 아들께서는 성경의 기록상으로는 그녀를 "어머니"라고 부르신 적이 없으며(요 2:4, 마 12:46-50), 그분께서 죽으실 때는 지상에서 그녀와 갖고 있던 관계마저 끊어 버리셨다(요 19:26,27). 예수님께서 아버지께로 돌아가신 후에 제자들은 교회 안에서 마리아에게 어떤 특별한 위치도 부여하지 않았으며, 그들 중 누구도 그녀에게 기도하지 않았다(행 1:14).

둘째, 마리아는 "재림"을 예언하고 있다는 점이다. 51-54절에 나오는 내용은 예언이지만 시제가 "과거"이다. 이러한 예언의 방식은 이사야 53장에서도 발견할 수 있으며, 예수 그리스도의 죽음과 장사와 부활에 관한 이사야 53장은 그것이 기록된 지 700년 이상 지난 뒤에 일어날 일을 "과거 시제"로 기록했다. **성경의 저자이신 성령님께서는 시간에 구애받고 영원에 거하시기(사 57:15) 때문에 그분께서 창조하신 세상의 일들을 뒤로 돌아보시면서 기록하실 수 있으며, 또한 성경을 믿지 않고 공부하지 않으며, 성경을 올바로 나누지도 않고 거부하는 학자들을 혼란스럽게 하기 위해 미래에 관한 예언을 과거 시제로 기록하신 것이다**.

마리아는 약 석 달 동안 엘리사벳과 지내다가 집으로 돌아갔다. 마리아는 엘리사벳이 임신 6개월 되었을 무렵에 그녀를 방문한 것이기에(눅 1:36) 『**약 석 달 동안**』(56절) 머무르다가 임신 9개월 무렵 엘리사벳이 출산하기 바로 직전에 나사렛으로 돌아간 것이다. 엘리사벳이 해산할 때가 되어 아들을 낳으니, 할례일에 해당하는 팔 일째에 그의 아버지의 이름을 따라 사카랴라고 불렀지만 엘리사벳이 "요한"이라고 정정하자 사카랴도 그에 동의했고, 누가복음 1:20에서 한 가브리엘의 약속대로 사카랴의 입이 열리고 혀가 풀려 하나님을 찬양했다(56-64절). 이 소문이 퍼져 나가자 소문을 들은 모든 사람이 아기 요한의 미래에 대한 기대로 부풀었고, 주님의 손이 요한과 함께하셨다(65,66절). 장차 요한은 하나님의 『**사자**』(눅 7:27, 말 3:1)가 되었는데, 육신으로 나타나신 여호와 하나님의 전령으로서(마 11:10) 『**선지자보다 더 훌륭한 사람**』(마 11:9)이 되었다.

그 뒤 사카랴는 성령으로 충만하여 예언을 했다(67-79절). 그 가운데 "76,77절"을 제외하고는 모두 다 재림에 관한 예언이었다. 『**너 아기야, 너는 가장 높으신 분의 선지자라 불리리니, 이는 네가 주 앞에 앞서 가서 주의 길들을 예비할 것이며 또 주의 백성에게 그들의 죄들을 용서함으로 구원의 지식을 줄 것임이**

라』(76,77절). 아기 요한은 『**자라서 영**[성령(15절)과 엘리야의 영과 능력(17절)] **안에서 강건해지고 그가 이스라엘 앞에 나타나는 날까지 광야에서 지**』냈다(80절). 마침내 요한은 엘리야의 모습을 하고서 등장했는데(왕하 1:8), 말하자면 낙타털로 옷을 입고 가죽띠를 두른(막 1:6) 채 유대 광야에 모습을 보였다(눅 3:3). 메뚜기와 야생꿀을 먹던(막 1:6) 요한이 이스라엘 백성에게 "회개하라! 회개하라!"(마 3:1,2)를 외치면서 역사의 무대에 등장하는 것이다.

■ 새롭게 깨달았거나 적용할 내용이 있다면 적어 보세요. ■

제1과
복습문제

1. 누가복음이 기록되기 시작할 무렵에 유포되고 있던 "복음서들"이 있었다. (O , X)

2. 구약 시대의 구원은 하나님께서 인간에게 행하라고 하신 말씀을 신뢰하는 개개인의 (   )과 그에 따라 행하는 (   )의 결합으로 이뤄졌다.

3. 엘리사벳의 아들인 "침례인 요한"은 초림 당시 유대인들이 혼동할 정도로 (   )로서의 사역(신 18:18,19)에 있어서 예수 그리스도와 흡사했다.

4. 사카랴는 성전에서 금제단에 향을 올리는 동안 아이를 주시라는 기도를 드렸는데, 이처럼 성경에서 향은 (   )를 상징한다.

5. 요한은 엘리야의 (   )과 (   )을 가지고 왔기 때문에, 유대인들이 그리스도에 관한 요한의 증거를 받아들일 경우 요한은 초림 때 말라키 4:5,6의 예언을 성취할 수도 있었다.

6. 예수 그리스도의 모친인 마리아는 "구주"를 필요로 하는 (   )에 불과했다.

NOTES

NOTES

제2과
베들레헴에서 탄생하신 예수 그리스도(2장)

『그들이 그곳에 있는 동안 날이 차서 그녀가 해산하게 되었더라. 그리하여 그녀가 자기의 첫아들을 낳아 그를 포대기로 싸서 구유에 누이니, 이는 여관에 그들이 들 방이 없었기 때문이라』(눅 2:6,7).

인자이신 예수 그리스도

예수 그리스도의 탄생과 관련하여 사람들이 누가복음 2장의 이야기에 익숙한 이유는 누가가 인자이신 예수 그리스도를 제시하기 때문이다. 그렇다 보니, 일반 교인들 뿐만 아니라 인본주의자들과 현대 자유주의 설교자들은 예수 그리스도의 신성을 강조하는 요한복음보다는 구유에 누워 있는 순진한 아기의 모습이 나오는 누가복음을 더 좋아한다. 그들은 예수 그리스도를 하나님의 아들 곧 하나님으로 인정하는 것을 꺼리는 것이다.

예수 그리스도의 탄생(1-7절)

모든 부패하고 배교한 현대의 성경 역본들은 누가복음 2장의 **"조세등록"(taxation)을 "등록"(registration)이나 "인구조사"(census)로 변개**시켰다. 이들은 다니엘 11:20,21에 대한 상호 참조 구절을 파괴함으로써 다시 한번 사탄의 모습을 감춰 주고 있는 것이다. 이 조세등록은 쿠레뇨가 시리아의 총독이었을 때 처음 실시된 것이라고 말씀하시는데(2절) 이 구절은 성경에 오류가 있다고 말하기 좋아하는 불신자들이 애호하는 구절 중 하나였다. 왜냐하면 쿠레뇨의 조세등록에 관한 유일한 역사적인 기록은 A.D. 10-12년의 기록뿐이었기 때문이다. 하지만 최근에 발견된 고대 파피루스에 의하면 쿠레뇨는 시리아의 총독을 두 번 지냈던 것으로 밝혀졌다. 누가는 이를 『**처음 실시된 것**』이라고 말하며 이러한 역사적 사실을 시사해 주고 있다. 즉, 쿠레뇨가 첫 번째 총독이 된 것은 그리스도께서 탄생하셨던 B.C. 4세기 이전인 것이다. 빌리 선데이는 "**성경이 말하는 것과 학자들이 말하는 것이 다를 때, 학자들이 마귀와 한 편에 있는 것이다.**"라고 말했다. 성경은 처음부터 틀리지 않았고 성경에 나오는 모든 역사적 사실들은 항상 정확했던 것이다. 1절에서 전 세계적인 로마의 독재자에 관하여 언급한 뒤 성령께서 곧바로 그것을 2절에 등장하는 시리아의 총독과 연결시키시면서 유대인(야곱-이스라엘)의 국적은 시리아인이었다는 사실(신 26:5)과 다니엘 7:8,19,20의 작은뿔 곧 적그리스도는 시리아계 유대인이 될 것임을 알려 주고 계신다.

로마 황제의 칙령에 따라 요셉과 마리아는 나사렛에서 베들레헴으로 이동한다(4절). 여기서 우리는 하나님과 마귀가 서로 다른 목적을 이루기 위해 동시에 역사하고 있는 모습을 보게 된다. 하나님께서는 성경의 예언을 이루시기 위해 역사하고 계신 반면, 사탄은 그 아이가 태어나기 전에 그를 죽이고자 시도하고 있는 것이다. 아니면 최소한 베들레헴에 도착하기 전에 조산되도록 만들려 하고 있다. 왜냐하면 그리스도께서 탄생하실 장소가 그의 탄생 약 750년 전에 미가 5:2에서 이미 예언되어 있었기 때문이다.

『그러나 너 베들레헴 에프라타야, 네가 비록 유다의 수천 가운데서 작을지라도 이스라엘을 통치할 자가 너로부터 내게로 나오리라. 그의 나오심은 예로부터요, 영원부터였느니라』(미 5:2).

사실 베들레헴이라는 말은 "**빵집**"을 뜻한다. 예수님께서는 "**생명의 빵**"으로 오셨다(요 6:35). 따라서 생명의 빵께서 하늘에서 내려오셨을 때 빵집, 곧 베들레헴으로 내려 오셨던 것이다(4-6절).

마리아는 첫아들을 낳아서 그를 포대기로 싸아 구유에 누이었다(7절). **첫아들**

이라는 말은 마리아가 다른 아들들도 낳았음을 시사해 주고 있다. 이를 가리기 위해 변개된 성경들은 마태복음 1:25에서 『첫』이라는 단어를 삭제한다. 그리고 예수님의 형제들은 "다른 마리아"의 아들들이었고, 형제라는 말도 예수님의 가까운 친척을 일컫는 말이라고 궁여지책에 가까운 설명을 내어 놓기도 한다. 하지만 그 무엇으로도 마리아가 요셉의 다른 아들들을 낳았다는 성경적 사실을 가리지는 못한다. **즉, 로마카톨릭의 "평생동정 마리아" 교리는 비성경적인 것이다**.

목자들의 방문(8-20절)

선한 목자요 하나님의 어린양이신 분께서 탄생하셨기 때문에, 그 소식을 들은 최초의 사람들은 양을 지키는 목자들이었다(8절). 성경에서 그리스도를 예표하는 가장 위대한 몇몇 유형들은 목자들이었다. "아벨"은 목자였다. "야곱과 그의 아들들"도 목자였다. "모세" 역시 목자였고 "다윗"도 목자였다. 그리스도께서는 "밤중에 그분의 양떼를 보살피시는" 목자이시다(벧전 5:4, 벧후 1:19). 그런데 이들은 들에서 묵으면서 밤에 양떼를 지키고 있었다. 여기서 우리는 예수님의 탄생이 12월이 아니라는 것을 알 수 있다. 예수님은 9월 초가을 경에 태어나셨다.

주의 천사가 목자들에게 임하는데(9절) 구약에서 주의 천사는 "주의 현현"으로, 성육신하시기 이전에 사람들에게 나타나시는 예수 그리스도이시다. 그렇게 볼 때 주의 현현은 예수 그리스도께서 나타나신 것으로 볼 수 있다. 즉, 지금 예수 그리스도께서 구유에 아기로 누워 계시는데, 주의 천사로 나타나셨다는 것이다. 사실 이것은 아무런 문제가 되지 않는데, 왜냐하면 하나님께서는 무소부재 하시기 때문이다. 이제 이 천사가 목자들에게 큰 기쁨의 소식을 알리려 왔다면서 이것은 모든 백성을 위한 것이라고 말한다(10절). 이 구절은 메시아께서 이스라엘만을 위한 메시아가 아님을 알려주고 있다. 32절에서는 『**이방인들에게 비치는 빛이요**』라고 말씀하시면서 구주 예수님의 탄생은 『**자기 백성**[유대인]**을 그들의 죄들에서 구원**』(마 1:21)하는 것 그 이상의 의미, 즉 『**세상의 구주**』(요 4:42)시라는 사실을 알려 주고 있다.

예수 그리스도께서 포대기에 싸여 구유에 누워 있는 것은(12절) 표적이 되는 일이었다. 유대인들은 표적을 찾기 때문에 메시아의 탄생도 표적으로서 보여져야 했다. 그래서 목동들 또한 이런 일이 일어난 것을 직접 보자고 말하는 것을 볼 수 있다(15절). 이와 같은 소식이 전해짐과 동시에 수많은 하늘의 군사들이 예수 그리스도의 탄생을 찬양한다(13,14절). 이 찬양 가운데 14절은 성경에서 가장 많이 오용되는 구절 중 하나이다.

> 『"지극히 높은 곳에서는 하나님께 영광이요, 땅 위에는 화평이요, 사람들에게는 호의로다."라고 하고』(14절).

사람들이 "지극히 높은 곳에서는 하나님의 영광"이 먼저요 그 다음이 "땅 위의 화평"이요 "사람들에게는 호의"인 순서를 무시하는 것이다(히 7:2). 이 구절은 하나님의 왕국 대신 자기들의 문자적이고 눈에 보이는 물리적인 왕국을 세우려고 노력하는 모든 무(후)천년주의적인 성경 개정자들을 면박하는 구절이다. 그뿐만 아니라 예수 그리스도께서 친히 다음과 같이 말씀하셨다.

> 『내가 땅 위에 화평을 주러 왔다고 생각하느냐? 내가 너희에게 말하노니 아니라, 오히려 분쟁케 하러 왔노라』(눅 12:51). 『내가 땅 위에 화평을 주러 온 줄 생각하지 말라. 나는 화평을 주러 온 것이 아니라 칼을 주러 왔노라』(마 10:34).

이를 이해하지 못한 오리겐은 누가복음의 구절을 “땅에서는 호의를 입은 사람들에게 화평”으로 변개시켰다. 이는 오직 “호의를 입은 사람들”만이 “화평”을 지니는 것으로 의미를 축소시킨 변개다. 이러한 행위는 예수 그리스도의 재림을 가릴 뿐이다. 이 땅의 화평은 예수 그리스도께서 재림하셔서 그분께서 이 땅을 통치하실 때에야 비로소 찾아오게 되는 것이다.

이제 목자들이 천사들의 이야기대로 마을로 가서 포대기에 싸여 구유에 누워 있는, 주의 천사가 말한 그 표적대로, 예수님을 본다. 그 아기를 보고서는(16절) 그 일들을 널리 알린다(17절). 그러자 모든 사람들이 놀랐고 마리아는 모든 말을 마음속에 간직하고 되새겨 보았다고 말한다(19절). 목자들은 자기가 주의 천사에게서 보고 들은 그 표적 그대로를 볼 수 있었기 때문에 하나님께 영광을 돌려 드리고 찬양을 드리며 돌아간다.

마리아가 불결함으로부터 정결케 됨(21-24절)

이제 아기가 할례를 위한 팔 일이 되자, 마리아가 그의 이름을 “**예수**”라고 한다. 이 이름은 잉태되기 전에 천사에 의하여 일컬어진 것이다(21절). 본래 할례는 창세기 17:10-14에서, 하나님께서 그분 자신과 아브라함의 씨 사이에 맺으신 『**언약의 표**』로 주어졌다. 바울은 그것을 『**표적**』(롬 4:11)이라 부르고 있으며, 오로지 유대인과 관련이 있다(고전 1:22). 마리아는 아기의 할례와 모세의 정결례를 위한 날들이 차서 아기를 주께 드리기 위해(출 13:2,12,15) 예루살렘으로 아이를 데려가 주의 율법에서 말씀하신 대로 산비둘기 한 쌍과 어린 집비둘기 두 마리를 드렸다(24절).

마리아의 정결례에 관한 내용은 레위기 12:1-8에 자세히 나와 있다. 마리아는 “정결케” 될 필요가 있었는데, 이는 그녀 역시 죄의 본성을 가진 죄인이었기 때문이다. 드려야 할 제물은 『**속죄제물**』이었는데(레 12:6), 이것은 마리아 역시 구주가 필요한 죄인이었음을 보여 준다. 제물로는 일반적으로 산비둘기 한 마리와 어린양 한 마리 또는 집비둘기 한 마리와 어린양 한 마리를 드려야 했다. 그러나 마리아는 너무 가난해서 어린양을 바칠 여유가 없었다(아직 현자들이 도착하지 않은 상황이었다). 그래서 그녀는 대체 가능한 다른 제물을 드렸던 것이다.

시므온과 안나의 찬사(25-38절)

25절에는 시므온이라는 사람이 나오는데 그 사람은 이스라엘의 위로를 기다리고 있었다. 시므온은 사카랴처럼 의롭고 경건한 사람이었다. 『**이스라엘의 위로**』는 38절에서 말씀하고 있는 "**예루살렘의 구속**"으로서, 이스라엘을 원수들로부터 물리적으로 구원하는 것을 의미한다(사 40:1,2). 유대인들은 그러한 위로와 구속을 믿고 기대할 권리가 있었다. 성령께서 시므온에게 계시로 알게 해주시는 것이 있는데 즉 『**주의 그리스도**』를 보기 전에는 죽지 않으리라는 것이었다(26절). 이 구절은 매우 중요한 성경 구절 중 한 구절인데 『**주의 그리스도**』(the Lord's Christ), 즉 "**하나님의 그리스도**"(God's Christ)가 아닌 "**또 하나의 그리스도**"가 있다는 사실을 알게 해 주기 때문이다. 알다시피 "**그리스도**"는 이름이 아니다. 그것은 칭호이며, "**기름부음 받은**" 또는 "**기름부음 받은 자**"를 의미한다. 이 단어는 히브리어로는 "마시아크"(Mashiach)이고, "**메시아**"로 번역된다(단 9:25,26, 요 1:41). 사탄도 기름부음을 받은 "**메시아**"였고(겔 28:14,15), 또한 그에게는 메시아인 왕이 있다. 성경은 그를 "**적그리스도**"라고 부른다(요일 2:18).

예수님께서도 『**거짓 그리스도들과 거짓 선지자들이 일어**』날 것에 관해 말씀하셨다(막 13:22). 사탄에게는 "**거짓 사도들**"이 있고(고후 11:13, 계 2:2), "**가짜 성령들**"이 있다(고후 11:4, 요일 4:1-3). "**가짜 복음들**"(고후 11:4, 갈 1:6-8)이 있으며, "**가짜 예수들**"이 있는 것이다(고후 11:4). 또한 마귀에게는 "**거짓 교회**"가 있고(계 17장), "**가짜 성경**"이 있다(고후 2:17). 왜 그런 것인가? 이는 처음부터 마귀가 원했던 것이 바로 『**지극히 높으신 분같이**』(사 14:14) 되는 것이었기 때문이다. 그래서 마귀는 하나님을 모방한다. 이것은 모든 "뉴에이지 성경들"이 왜 우리로 하여금 "그리스도의 모방자들"이 되도록 하기 위해 고린도전서 11:1을 변개시키는지 그 이유를 설명해 준다. 사탄은 그리스도의 "모방자"(imitator)이지, 결코 "따르는 자"(follower)가 아닌 것이다.

시므온에게 요셉과 마리아가 아기 예수를 데려오고 시므온은 주를 송축한다(27,28절). 특히 그는 주의 구원을 보았는데 이 구원은 모든 백성 앞에서 예비하신 것으로 그 구원이 모든 이방인들에게 비치는 빛이라고 말한다(31,32절). 이는 예수님께서 재림하셔서 유대인들의 물리적인 구원을 이루시고 전 세계를 통치하실 것인데, 이때 유대인들 뿐만 아니라 이방인들까지도 받게 될 예수 그리스도의 빛에 관한 언급인 것이다. 즉, 천년 왕국으로 유입되어 들어온 이방인들도 그 빛 아래서 즐거워하고 그 왕국에 동참하는 것이다.

이를 들은 요셉과 주의 모친은 이를 이상하게 여긴다고 말씀한다(33절). 그런데 여기서 『**요셉과 주의 모친**』이라는 말을 모든 변개된 현대 성경들은 "**그의 아버지와 그의 어머니**," 곧 "**부모**"로 변개시킨다. 그렇게 그리스도의 동정녀 탄생의 교리를 공격하는 것이다. 하지만 43절에서도 요셉과 주의 모친이라는 표현이 나오고 결정적으로 49절에서는 예수 그리스도께서 요셉을 아버지라고 말하는 마리아의 실언을 바로잡으셨다. 물론 41절에서 보듯이 부모라는 단어가 쓰이기도 하지만 여기서 부모라는 말은 문자적인 아버지가 아니라 의붓아버지나 양아버지인 경우에도 성립이 가능한 말로서 예수님께서 마리아를 어머니라고 부르시지 않은 것처럼 성경은 요셉을 그리스도의 아버지라고 부르는 것에

KJBC

킹제임스성경신학교는 피터 럭크만 박사가 미국 플로리다주 펜사콜라시에 설립한 Pensacola Bible Institute (PBI)에 기반을 두고 있습니다. 미국 Pensacola Bible Institute는 1965년 9월 개강한 이래로 지금까지 미국 내 정통 신학 교육의 요람으로서, 미국 내 유수한 근본주의 침례교 신학교들을 압도하고 성경대로 믿는 그리스도인들의 산실이 되고 있습니다. 자유주의와 현대주의를 배격하는 가운데 정통 교리의 수준 높은 신학 교육은 물론이요, 능력 있는 설교자 양성을 위한 강도 높은 훈련으로도 단연 으뜸입니다. 이처럼 본 신학교도 1991년에 세워진 이래로 이 땅에 바른 성경적 지식을 정착하고 신실한 하나님의 일꾼을 양성하는 데 총력을 기울여 오고 있습니다.

기존 신학교는 하나님의 말씀보다는 교단 신학과 학문으로서의 신학에 중점을 두어 가르치고 있습니다. 또한 편협한 교단 교리에 하나님의 말씀을 억지로 끼워 맞춰 가르치고 있기 때문에 이제는 하나님의 말씀에 근거한 신학을 제대로 가르치는 곳이 절대적으로 필요합니다. 이런 절실한 필요에 의해 본 신학교는 모든 교과 과정을 교단 신학이 아닌 하나님의 말씀으로 채움으로써 하나님의 말씀에 대한 올바른 지식을 터득할 수 있도록 구성하고 있습니다. 이렇게 구성된 모든 교과 과정은 성경 각 책에 대한 깊이 있는 수업과 설교의 실전 연습, 제반 목회 생활에 관한 실제적인 수업들로 이루어져 있으며, 무엇보다도 균형 있고 올바른 성경적 지식으로 무장할 수 있는 많은 수업들이 제공되고 있습니다.

킹제임스성경신학교는 설교자와 목회자, 성경 교사, 선교사를 양성하기 위한 곳으로, 3년의 모든 과정을 착실히 이수한 모든 학생들이 각자 하나님의 부르심에 따라 언제 어디서나 전담 사역자로서 사역할 수 있도록 양육받을 수 있는 국내 유일의 온·오프라인 정통 신학교입니다.

입학요강

	신학사(B.D.)	킹제임스성경신학원 신학석사(Th.M.)
수업연한	3년 (6학기)	2년 (4학기)
자　　격	• 거듭난 그리스도인으로서 하나님께 쓰임받기 원하는 사람 • 고등학교 졸업자 및 졸업 예정자 또는 동등 이상의 학력이 인정되는 자(연령 제한 없음)	• 본교를 졸업한 신학사 학위 소지자로서 진리의 지식으로 효과적인 사역을 이루려는 분
선　　발	서류전형(입학원서, 구원간증, 자기 소개서), 면접(서류 전형 합격자에게 개별 통보)	
학사일정	오프라인 봄 학기 매년 3월초 가을 학기 9월초 개강(총 16주) 월,화,목,금(오후 6:30 – 9:20) 온 라 인 수시접수 가능(한 학기 총 16주 / 100% 동영상 강의)	한 학기당 16주 과정 (화요일 오후 6:30 – 9:20)
원서교부	킹제임스성경신학교 교무처 / 인터넷 접수	

킹제임스성경신학교학장
10122 경기도 김포시 고촌읍 장곡로 39
전화 (02) 2665-3303, 팩스 (02) 2665-3302

있어 신중하다.

예수 그리스도께서 많은 사람의 패망과 흥성을 위해 세워졌다고 말씀하시는데(34절), 예수 그리스도를 믿을 때 그 사람은 흥성할 것이고 그렇지 않을 때 패망한다고 볼 수 있다. 특히 비방받을 표적을 위해 세워졌다고 말씀하시는데 이것은 "**요나의 표적**"을 말한다. 왜냐하면 바리새인들이 표적을 요구했을 때 예수님께서는 요나의 표적밖에 줄 것이 없다고 말씀하셨기 때문이다. 사실 그리스도의 부활에 관해서도 유대인들은 제자들이 그 몸을 훔쳐갔다고 말하며(마 28:13-15) 비방했고 많은 자유주의 신학자들 또한 부활에 대해서 회의적인 태도로 일관하며 이 부활의 표적을 비방하고 있다. 그러나 몸의 부활은 복음의 시금석이다(고전 15:4-8,17). 왜냐하면 이제 곧 우리가 그렇게 될 것이라는 사실을 내포하고 있기 때문이다. 예수님께서도 『**이는 내가 살고 너희도 살겠음이라.**』(요 14:19)라고 말씀하셨다.

이제 마리아의 혼을 찌르는 칼에 관한 언급이 삽입 어구로 표현되어 있다(35절). 대부분의 주석가들은 마리아의 혼을 찌르는 『**칼**』에 대해 그녀가 자기 아들의 고통과 십자가의 죽음 앞에서 느끼게 될 혼의 괴로움으로 해석한다. 물론 그렇게 적용할 수도 있지만, 이 구절을 전체적인 맥락에서 보면 히브리서 4:12,13과 연관이 있다.

『하나님의 말씀은 살아 있고 능력이 있어 양날이 있는 어떤 칼보다도 예리하여 혼과 영, 그리고 관절과 골수를 찔러 가르고 마음의 생각들과 의도들을 판별하느니라. 그 어떤 피조물도 그분 앞에 나타나지 않는 것이 하나도 없나니, 오직 만물이 우리가 회계해야 하는 그분의 눈 앞에 벌거벗은 채로 명백히 드러나게 되느니라』(히 4:12,13).

36-38절에서는 하나님께서 한 여인에게 부여하시는 중요한 위치에 주목하

라. 구속에 관한 좋은 소식을 첫 번째로 알린 사람은 한 "**여인**"이었다. 부활을 처음으로 전파한 것도 "**여인**"이었다. 성경에서 여인들은 코란에서는 받지 못한 중요한 위치를 부여받는다. 특히 예수 그리스도와 함께 시작되는 신약에서 그렇다. 여선지자인 안나가 이스라엘의 구속을 기다리고 있었고 또 기다리고 있는 사람에게 아기에 관해 말하는 중요한 일을 했던 것이다(38절).

예수님의 어린 시절과 마리아의 부주의(39-52절)

40절은 예수님께서 죄가 없으셨다는 사실 하나만 제외하고는 보통의 인간 소년으로서 성장하셨다는 사실을 보여 준다. 누가복음은 그 이름이 가지인 사람(슥 6:12)이신 예수 그리스도, 즉 그리스도의 인성을 다루기 때문에 예수님의 어린 시절에 관한 언급이 이곳 누가복음 2장에서만 발견된다. 예수님의 어린 시절에 로마카톨릭과 이슬람교의 신화에서나 발견되는 그런 내용은 등장하지 않는다. 우리는 주님께서 나사렛에 사셨고 의붓아버지 요셉으로부터 목수일을 배우셨다는 사실을 알고 있다(막 6:3). 그리고 최소 일곱 명의 자녀들 중에서(막 6:3) 첫째이셨으며, 그분의 가정은 가난했다는 사실을 알고 있다(24절). 마호메트와 달리 예수님께서는 읽고 쓰는 법을 배우셨다. 아마도 예수님 당대에 있었던 유대교 회당 학교들에서 배우셨을 것이다. 그러나 열두 살이 되실 때까지 그리스도의 어린 시절에 관한 세부적인 내용은 성경에 기록되어 있지 않다. 그리고 이때의 간략한 기록 이후로 사역을 시작하시기까지의 세부적인 내용 또한 기록되어 있지 않다. 성령께서 알리지 않으신 내용에 대해 억지로 알려고 할 필요가 없다. 소위 잃어버린 책들을 찾아 나선다거나 외경이나 위경을 가지고 와서 마치 다른 사람들은 알지 못하는 지식을 혼자만 가지고 있는 양 떠벌려서는 안 될 것이다.

이제 유월절에 요셉과 그의 모친 그리고 예수님께서 예루살렘에 올라간다(41,42절). 그런데 그 절기가 끝나서 돌아올 때 마리아가 예수님을 잃어버린다(43,44절). 그래서 다시 예루살렘으로 돌아와서 찾았는데 12살 아이가 박사들 가운데 앉아 듣기도 하고 묻기도 하는 것을 본다(45,46절). 그만큼 예수 그리스도께서는 지혜로 충만하셨던 것이다. 마리아가 와서 "네 아버지와 내가 걱정하며 너를 찾았다"고 말하지만(48절) 예수님께서는 "내가 내 아버지의 일을 해야 될 줄 알지 못하셨냐"고 말하면서 마리아의 실언을 바로 잡는다(49절). 요셉은 문자적이며 물리적인 아버지가 아니라는 것을 분명히 하신 것이다. 그리고 자신의 아버지는 바로 하나님 아버지시라는 사실을 알려 주고 계신다. 아울러 예수님께서는 바로 하나님 아버지의 일을 하셔야 함을 알려 주신다. 그들은 주께서 하신 말씀을 깨닫지는 못하지만 주의 모친은 이 모든 말을 자신의 마음에 간직했고 예수님께서는 나사렛에 오셔서 부모에게 순종하신다(50-52절).

■ 새롭게 깨달았거나 적용할 내용이 있다면 적어 보세요. ■

제2과
복습문제

1. 누가복음 2:1의 "조세등록"은 다니엘 11:20,21의 참조 구절로 매우 중요한 단어이다. (O , X)

2. 누가복음 2:2에서 시리아 총독 쿠레뇨가 실시한 조세등록은 A.D. 10-12의 일로 예수 그리스도의 탄생 시점과는 맞지 않는 성경의 오류다. (O , X)

3. 누가복음 2:7에서 마리아는 첫아들을 낳았다. 여기서 "첫"이라는 표현은 마리아가 다른 아이들도 낳았음을 시사해 주고 있다. (O , X)

4. 누가복음 2:26의 『주의 그리스도』(the Lord's Christ)라는 표현은 "하나님의 그리스도"(God's Christ)가 아닌 "또 하나의 그리스도" 곧 "적그리스도"가 있다는 사실을 알려 주고 있다. (O , X)

5. 사탄은 그리스도의 "모방자"(imitator)이지, 결코 "따르는 자"(follower)가 아니다. (O , X)

■ 새롭게 깨달았거나 적용할 내용이 있다면 적어 보세요. ■

NOTES

NOTES

제3과

침례인 요한의 사역(3장)

『이는 선지자 이사야의 말씀의 책에 기록된 바와 같으니라. 말씀하시기를 "광야에 외치는 자의 음성이 있어 '주의 길을 예비하고 그의 길들을 곧게 하라. 골짜기마다 메워지고 산과 언덕마다 낮아지며 굽은 곳들이 곧아지고 험한 길들이 평탄하여지며 모든 육체가 하나님의 구원을 보리라.'고 하는도다." 하였더라』(눅 3:4-6).

침례인 요한의 사역(1-20절)

1. 침례인 요한이 사역을 시작했을 당시의 시대적 배경

1절에서 누가는 역사적인 시기와 그 특징들에 대해 상세하게 기록하고 있다. 다시 말해 누가가 기록하고 있는 내용이 신화나 우화 또는 전설이 아니라는 것이다. 당시의 로마 제국은 아우구스토(눅 2:1) 이후에 등극한 티베리오 카이사가 통치하고 있었다. 헤롯 대왕(마 2장)의 왕국은 네 부분으로 나뉘어 그의 네 아들들이 다스리고 있었다. 2절에서 헤롯으로 나오는 왕은 헤롯 대왕이 아닌 "**헤롯 안티파스**"다. 그가 갈릴리 지역을 다스렸다. 그리고 그의 아우(이복동생) "**헤롯 빌립**"은 이투레와 트라코니티 지방을 다스렸고 "**루사니아**"는 아빌레네를 다스렸다. 본래 유대 지역은 헤롯의 아들 "**헤롯 아겔라오**"가 다스렸지만 그의 본성이 잔악하여 유대인들이 로마의 황제에게 폐위를 요청하게 된다. 로마에서는 이를 받아들여 아겔라오는 갈리아(오늘날 프랑스) 지방으로 유배를 가게 되고 이후로 유대 지역은 헤롯 왕가의 직할 통치를 받지 않고 로마 총독의 지배하에 들어가게 된다. 유대 지역을 다스린 초대 총독의 이름은 "**코포니우스**"로 A.D. 6년에서 9년까지 유대 지역을 다스린다. 1절 말씀의 "**폰티오 빌라도**"는 5대 총독으로 유대 지역을 A.D. 26년에서 36년까지 관할했다.

당시 이스라엘에는 이스라엘 역사의 다른 시대들에서처럼 두 명의 대제사장이 있었다(2절). 일반적으로 연장자인 안나스가 대제사장으로서 다년간 정상의 위치에 있었고 일상적인 책무들을 그의 사위인 카야파가 수행했다고 해석한다. 이것은 그렇게 드문 모습이 아니었다. 두 명의 대제사장이 함께 섬기는 경우가 이전에도 있었다. 다윗의 날에는 "**사독**"과 "**아히멜렉**"이 대제사장으로서 동시에 섬겼고(삼하 8:17), 그 뒤에는 "**사독**"과 "**아비아달**"이 함께 섬겼다(삼하 15:35).

유다가 포로로 사로잡혀 갔을 당시에는 "선임 제사장 스라야"와 "부제사장 스바냐"가 있었다(왕하 25:18). 유대인들이 포로에서 돌아왔을 때에는 "대제사장 여호수아"와 "부제사장 요시야"가 있었다(슥 6:10,11). 따라서 안나스와 카야파가 동시에 권력의 자리에 있었던 사실이 이상할 것은 없다.

2. 죄들을 사하심으로 인하여

침례인 요한은 죄들을 사함받은 것으로 인하여 회개의 침례를 전했다(3절). 여기서 성경 변개자들은 "for the remission of sins"에서 "for"가 "죄들을 사하심으로 인하여"라는 "이유"의 뜻으로 번역되어서는 안 되고 "죄사함을 얻기 위하여(받게 하는)"라는 "목적"의 뜻으로 번역되어야 한다고 주장한다. 하지만 번역적으로나 교리적으로도 목적이 아닌 "이유"의 뜻인 "~인하여"로 번역하는 것이 맞다.

우선 "for the remission of sins"라는 표현은 성경에서 총 5번 나온다(마 26:28, 막 1:4, 눅 3:3, 행 2:38, 롬 3:25). 킹제임스성경 번역자들이 이 다섯 구절들에서 번역한 "for"는 헬라어 "εἰς(에이스)"나 "δια(디아)"를 번역한 것인데 로마서 3:25에서만 "δια(디아)"가 쓰이고 나머지 네 구절에서는 모두 "εἰς(에이스)"가 쓰였다. 일반적으로 "εἰς(에이스)"가 "~안으로"를 포함하여 "결과나 목적"을 나타내는 뜻 외에도 "이유"를 나타내는 뜻과 용례가 분명하게 있지만(롬 3:25; 4:20, 마 12:41 등), "δια(디아)"의 경우 "기간"(~동안), "도구"(~을 통하여), "이유"(~로 인하여) 등의 용례 외에 "목적"(~을 위하여)의 뜻과 용례는 전혀 없다. 그런데 킹제임스성경의 번역자들이 네 구절에서 쓰여진 "εἰς(에이스)"와 로마서 3:25의 "δια(디아)"를 똑같은 표현으로 번역했다는 것은 두 단어의 공통되는 용례가 있다는 뜻이며, 그것이 바로 "이유"(~로 인하여)를 나타내는 용례이다. 로마서 3:25의 "δια(디아)"가 "이유"(~로 인하여)를 나타내는 용례라는 사실은 킹제임스성경뿐만 아니라 변개된 성경을 만들어 내는 번역자들이나 학자들도 모두 동의하고 있는 사실이다. 그렇기에 킹제임스성경의 번역과 같이 우리말로 이 구절을 번역할 때는 "**~로 인하여**"라고 일관되게 번역해야 한다. 그렇지 않고 3절의 "for the remission of sins"라는 표현을 "**요단 강 주변에 있는 온 지방에 가서 죄들을 사함받기 위하여(개역성경 : 죄사함을 받게 하는) 회개의 침례를 전하니**"로 오역한다면 "**침례에 의한 중생**"이라는 거짓 교리의 근거가 되는 것이다.

교리적으로 보자면, "**죄사함**"(remission)이라는 것은 죄에 대한 책임을 묻지 않으신다는 "**용서**"(forgiveness)의 뜻이다. 하지만 "**구약의 죄의 용서**"와 "**신약의 죄의 용서**" 사이에는 큰 차이가 있다. 우선 "for the remission of sins"가 쓰인 마태복음 26:28을 보면 『**이는 이것이 죄들을 사하심으로 인하여 많은 사람을 위해 흘리는 나의 새 언약의 피이기 때문이라.**(For this is my blood of the new testament, which is shed for many for the remission of sins.)』 라고 말씀한다. 여기서. "**새 언약**"이란 "**옛 언약**," 즉 구약(舊約)과 구분되는 신약(新約)을 말한다. 하나님께서는 구약에서도 죄를 용서하셨고, 신약에서도 죄를 용서하셨다. 그럼에도 불구하고 새 언약의 피를 흘리셔야 했던 이유는 동물의 피로 인한 구약적인 죄의 용서로는 죄들을 제거하는 것이 불가능했기 때문이다(히 10:1,4,11).

『자비를 수천 대까지 간직하며 죄악과 허물과 죄를 용서하나 범법자가 결코 깨끗게 되지는 아니하리니 그 조상들의 죄악을 그 자손들과 그 자손들의 자손들 삼사 대까지 미치게 하느니라." 하시니라』(출 34:7).

하지만 세상 죄를 제거하시기 위해 예수 그리스도께서는 "**하나님의 어린양**"

으로 오셨다(요 1:29). 예수 그리스도의 보혈은 죄를 제거하실 수 있는 능력이 있다. 그래서 교회 시대에 구원받는 그리스도인은 예수 그리스도에 의하여 거룩하게 되었고(히 10:10), 그분께서 한 번 영원한 속죄제를 드려 영원히 온전케 되었다(히 10:12-14). 그러므로 예수 그리스도께서는 구약적인 죄의 용서 방법 곧 단순히 죄들을 사하시기 위해서가 아니라, 죄들을 사함받은 것으로 인하여 곧 구속을 이루시기 위해 십자가 위에서 피 흘려 죽으신 것이다.

그렇다면 요한이 『**죄들을 사함받은 것으로 인하여**』 전파하는 『**회개의 침례**』를 통해 말하고자 하는 바는 무엇인가? 그는 지금 유대인들에게 이렇게 말하고 있는 것이다. "이제 때가 완전히 찼고, 메시아가 여기에 계신다. 회개하고 너희의 죄들을 용서받으라. 그리고 여기로 내려와 물 아래로 들어가 그 사실을 믿고 있다는 증거를 내보이라." **요한은 유대인들이 침례를 받을 때 그들의 죄들이 용서될 것이라고 말하고 있는 게 아니다**. 이런 이유로 어떤 침례교도도 누군가에게 죄들을 용서받도록 하기 위해서 침례를 주지 않는다. 우리는 "**이미**" 죄들을 용서받은 누군가에게 침례를 주는 것이다(행 10:47).

3. 광야에서 외치는 자의 음성

4-6절은 이사야 40:3-5을 인용한 말씀이다. 그런데 4,6절은 초림때 이루어졌다고도 말할 수 있지만 5절과 같은 일은 초림때 일어나지 않았다. 이 일은 예수 그리스도의 재림 때 이루어질 일이다. 초림때의 구절들 사이에 샌드위치처럼 재림의 구절이 가운데 끼어 있는 것이다. 5절은 왕국이 임할 때 나타나는 현상이고 지금 침례인 요한이 그 왕국의 길을 예비하기 위해 사역하고 있는 것이다. 6절의 모든 육체가 하나님의 구원을 본다는 말은 곧 예수 그리스도를 직접 본다는 말이다. 왜냐하면 예수님을 통해 하나님의 구원이 임하기 때문이다. 누가복음 2장의 시므온도 "**이스라엘의 위로**"를 기다렸던 사람인데 하나님께서

는 "**주의 그리스도를 보기**" 전에는 죽음을 보지 않을 것이라고 말씀하셨다. 곧 "**그리스도**"께서 "**이스라엘의 위로**"가 된다는 말씀이다. 침례인 요한이 하나님의 구원을 보리라고 말한 것도 같은 맥락이다. "**예수 그리스도**"를 보는 것이 곧 "**하나님의 구원**"을 보는 것이다.

7절에서 침례인 요한이 침례를 받으러 나오는 무리를 향해 "**독사들의 세대**"라고 불렀던 것은 예수 그리스도께서 마태복음 23장에서 서기관들과 바리새인들을 부르실 때에도 사용하셨던 것과 동일한 표현이다. 거친 표현이지만 단순한 비난이 아닌 정확한 표현이다. 왜냐하면 이들은 지금 마음으로부터 하는 회개 없이, 합당한 열매 없이 침례를 받으려고 나오고 있기 때문이다. 예수님께서는 이런 자들을 향해 "너희 아비는 마귀로 너희는 아비 마귀의 정욕을 행하고자 한다"고까지 말씀하셨다(요 8:44). 이들이 하는 변명이라고는 자신들은 아브라함의 자손이요 아브라함의 씨라는 말 뿐이다. 하지만 이러한 변명에 침례인 요한은 "하나님께서는 이 돌들로도 아브라함의 자손이 되게 하실 수 있다"고 말한다(8절). 좋은 열매를 맺지 못하는 나무는 찍혀 불속에 던져질 것이라고 경고하자(9절) 무리가 "그러면 어떻게 해야 하냐"고 묻는다(10절). 이에 대해 침례인 요한은 그들의 행위를 요구한다. 즉 두 벌 옷을 가진 자는 없는 자에게 나누어 주고 음식물을 가진 자도 그렇게 해야 하며(11절), 세리들은 정해진 것 외에 더 거두지 말아야 하며(13절) 병사들은 아무도 억압하지 말고 거짓되이 고소하지 말고 급료로 만족하라고 말한다(14절). 이러한 것들이 회개에 합당한 열매들로, 이러한 열매를 맺은 후에 와서 침례를 받으라는 것이다. 구약적인 상황에서 행위를 요구한 것으로, 교리적으로 교회 시대의 교리로는 가지고 올 수 없는 내용들이다. 이와 비슷한 질문이 사도행전 16장에서도 나오는데 빌립보의 간수는 "내가 구원을 받으려면 어떻게 해야 하나이까"라고 물었고 이에 바울과 실라는 "**주 그리스도를 믿으라.**"라고 답한다. 이것이 신약 교회 시대의 구원 방법인 것이다.

요한이 강력한 말씀을 들고 등장하자 사람들은 그가 그리스도가 아닌가 생각하게 된다(15절). 그가 누구인지 궁금해지는 것이다. 그래서 그에게 그리스도냐고 묻지만 요한은 아니라고 답한다. 그렇다면 엘리야냐고 묻지만 아니라고 답한다. 그러면 하나님께서 친히 보내실 것이라고 모세에게 말씀하셨던(신 18:18) 그 선지자냐고 묻지만 요한은 또한 아니라고 답한다. 그렇다면 당신은 누구냐는 질문에 요한은 "**광야에서 외치는 자의 음성**"이라고 대답한다(요 1:19-23). 그러면서 자연스럽게 이제 곧 오실, 그들이 궁금해하는 그리스도에 대해 설명한다. 먼저 『**나보다 더 능력이 많으신 분이 오시나니**』(16절)라고 말한다. 그리스도께서 『**더 능력이 많으신 분**』인 이유는 그분께서 "**육신으로 나타나신 하나님**"(딤전 3:16)이시기 때문이다. 그래서 침례인 요한은 『**내 뒤에 오시는 분이 나보다 앞선 것은 그분이 나보다 먼저 계셨음이라**』(요 1:30)라고 말한다. 그가 예수님보다 6개월 더 빨리 태어났기 때문에(눅 1:36) 지금 나이에 관해 말하고 있는 것이 아니다. 『**그의 나오심은 예로부터요, 영원부터였**』(미 5:2)기 때문이다. 그리고 『**나는 그분의 신발끈을 풀 자격도 없느니라**』(16절)라고 말한다. 이는 요한이 자기가 죄인이고 그리스도께서는 죄가 없으시다는 사실을 알고 있었기 때문이다. 그래서 예수님께서 침례를 받으시기 위해 나타나실 때, 요한은 주님께 다음과 같이 말씀드린다. 『**내가 주께 침례를 받아야 할 터인데 주께서 내게로 오시나이까?**』(마 3:14) 요한은 자기는 무언가 회개할 것이 많은 존재인 반면 예수님께서는 무언가 회개했다는 사실을 보이기 위해 침례를 받으실 필요가 없다는 사실을 알고 있었다. 또한 『**그분은 너희에게 성령으로 또 불로 침례를 주시리라**』(16절)라고 말한다. 은사주의자들은 성령 침례와 불 침례가 동일하다고 주장하기 위해 사도행전 2:3,4을 근거 구절로 댄다. 그러나 사도행전 2:3,4의 문맥에서는 그 어떤 불도 나오지 않다. 그저 『**불 같은 모양으로 갈라진 혀들**』(행 2:3)에 관해 말씀하고 계실 뿐이다. 부활하신 예수 그리스도께서는 침례인 요한의 물 침례와 관련하여 성령으로 침례를 받을 것에 관해 말씀하셨지만, 불 침례에 관해서는 아무런 언급도 하지 않으신다(행 1:5). 사도행전 2:19에서야 그들이 그토록 찾던 불에 관한 말씀을 볼 수 있는데, 곧 예수 그리스도께서 재림하실 때 있을 불에 관한 언급이다.

『그분은 손에 키를 들고 자기의 타작마당을 철저히 정결케 하실 것이며 알곡은 모아서 창고에 들이고 쭉정이는 꺼지지 않는 불로 태우시리라."고 하더라』(눅 3:17).

16절의 불로 침례를 주시리라는 말씀은 이어지는 17절 말씀에서 불로 태우시리라는 말씀과 이어진다. 17절 말씀은 곡식과 독보리의 비유에서도 일어나는 모습인데, 곡식은 모아서 이 『**곳간**』으로 들여지고 독보리는 단으로 묶여 불태워진다(마 13:24-30). 예수님께서는 이것을 『**세상의 끝에**』 악인들이 『**불타는 용광로**』 속으로 던져지게 될 것이라고 해석하신다(마 13:49,50). 따라서 불로 침례를 주시며 불로 태우시겠다는 말씀은 곧 꺼지지 않는 불인 지옥에(막 9:44,46,48) 던지시겠다는 것을 말한다. 결코 성령 침례와 불 침례가 동일한 것이 아니다.

4. 침례인 요한이 감옥에 갇힘

19,20절은 요한의 죽음을 초래한 사건에 대해 언급하고 있다. 19절에서 『**헤롯**』은 헤롯 안티파스인데, 역사가들은 여기서의 『**빌립**』을 사분 영주(tetrarch, 1절)의 빌립이 아닌 헤롯 대왕의 다른 아들로 여기고 있다. 여하간 헤롯은 빌립의 아내인 헤로디아와 간음했고, 침례인 요한은 그것에 대해 헤롯을 "**호되게**" 꾸짖었다. 그로 인해 헤로디아는 요한을 죽이고 싶었지만, 문제는 그녀의 새 남편인 헤롯이 그 침례인 설교자의 말에 귀를 기울였다는 사실이다. 하지만 결

국 그는 헤로디아의 딸로 인해 양심이 화인을 맞았고 결국 요한을 죽게 만든다(마 14:1-12, 막 6:17-28).

예수 그리스도께서 침례를 받으심(21,22절)

이제 예수 그리스도께서 침례를 받으실 때 삼위일체 하나님의 역사가 일어나는 것을 볼 수 있다(21,22절). 22절에서 성령님께서 내려오실 때 비둘기 같은 형체를 띠신다. 성경에서 비둘기는 정결한 새로서 믿는 성도들에게 화평과 생명을 가져다주시는 성령님을 예표한다. 성경 전체를 통틀어서 새들은 영들의 유형이다.

> 『그가 큰 음성으로 힘있게 외쳐 말하기를 "큰 바빌론이 무너졌도다, 무너졌도다, 마귀들의 거처가 되었고 온갖 더러운 영의 소굴이요, 모든 더럽고 가증한 새의 소굴이로다』(계 18:2).

요한계시록 18:2 말씀을 보면 마귀들의 거처와 더러운 영의 소굴을 가증한 새의 소굴로 묘사하고 계신다. 불결한 새들은 악한 영들을 예표하고 있는 것이다. 그래서 씨 뿌리는 자의 비유에서 『**길가**』에 떨어진 씨를 먹어 버리는 『**공중의 새들**』(막 4:4)은 마귀들이다.

■ 새롭게 깨달았거나 적용할 내용이 있다면 적어 보세요. ■

『성령께서 비둘기 같은 형체로 그분 위에 내려오시니 하늘에서 한 음성이 나서 말하기를 "너는 내 사랑하는 아들이요, 네 안에서 내가 매우 기뻐하노라."고 하시더라』(눅 3:22).

22절 말씀에서는 삼위일체의 세 인격, 곧 세 분의 "서로 구별되는 인격"이 나타나고 있다. 그래서 비둘기의 형태로 내려오시는 성령 하나님, 하늘에서 말씀하시는 아버지 하나님, 침례를 받으시는 아들 하나님이 나오는 것이다. 그분은 "세 인격"(요일 5:7)으로 나타나시는 "한 분 하나님"(신 6:4)이시다. 몰몬교, 여호와의 증인, 모슬렘이 삼위일체의 교리를 추측하며 가르치고 있는 것처럼 세 분의 분리된 신들이 아니다. 침례를 받고 올라오시는 예수 그리스도를 보시며 하나님께서는 『**네 안에서 내가 매우 기뻐하노라.**』(22절)라고 말씀하셨다. 하나님께서는 이 말씀을 인류 전 역사를 통틀어서 오직 한 분에게만 말씀하셨다. 그것도 "두 번"이나 말씀하셨는데, 여기 그리스도께서 침례를 받으실 때와 변형산에서다(마 17:5). 즉 하나님께서는 초림 때에 그분의 아들을 "매우 기뻐하셨고," 재림 때에도(마 16:28, 벧후 1:16,17) 그분의 아들을 "매우 기뻐하시는" 것이다. 영적으로 우리들 또한 하나님께서 "네 안에서 내가 매우 기뻐하노라"라고 말씀하실 수 있어야 한다. 물론 구원을 받았다면 그 자체로 하나님께서 당신을 "그 사랑하시는 이 안에서 받아들이신"(엡 1:6) 존재다. 하지만 그 이후의 행실은 순전히 성도들에게 달려 있다. 과연 나는 하나님을 기쁘시게 해 드리고 있는가, 매 순간 점검해 봐야 할 것이다.

■ 새롭게 깨달았거나 적용할 내용이 있다면 적어 보세요. ■

마리아부터 아담에 이르는 그리스도의 계보(23-38절)

23절부터 38절까지의 말씀은 마리아로부터 아담에 이르는 그리스도의 계보를 나타낸다. 누가가 기록한 계보는 마태의 계보와 일치하지 않는데, 이는 누가가 그리스도의 계보를 "**마리아**"를 통해 거슬러 올라가고 있기 때문이다. 23절에서 『**헬리**』는 요셉의 아버지가 아니었고(마 1:16), 요셉은 『**나단**』(31절)이 아니라 "**솔로몬**"의 후손이었다(마 1:7). 말하자면 요셉은 "**사위**"라는 의미에서 헬리의 『**아들**』(son)이었던 것이다(삼상 22:14; 24:16). 역사나 전통 혹은 성경상에서 마리아가 형제가 있었다는 기록은 전무하다. 따라서 유대인의 법에 따라 요셉은 헬리의 아들들 가운데 하나로 여겨질 수 있었는데, 이는 계보가 일반적으로 어머니가 아닌 "**아버지**"를 따르고 있기 때문이다.

이렇게 마리아의 계보로 전환되는 것은 중요한 부분인데, 이는 그것이 예수님께 다윗의 보좌에 대한 권리(눅 1:32)를 부여해 주기 때문이다. 알다시피 왕들에 관한 다윗의 계보가 솔로몬을 따라 내려오지만, 하나님께서는 여코냐의 때에 그 계보를 끊으셨다(마 1:11,12).

『주가 말하노라. 내가 살아 있나니 유다 왕 여호야킴의 아들 코니야가 내 오른손에 인장 반지라 할지라도 내가 거기서 너를 빼내어... 오 땅이여, 땅이여, 땅이여, 주의 말을 들으라. 주가 이같이 말하노라. 너희는 이 사람이 자식이 없겠고 그의 평생에 번성치 못할 사람이라고 쓰라. 이는 그의 씨에서는 아무도 번성치 못하며 다윗의 보좌에 앉아 유다를 다스릴 자가 더 이상 없을 것임이라』(렘 22:24,29,30).

마태복음 1:11,12에서 여코냐(Jeconiah)의 이름의 "**Je**"는 "**여호와**"(Jehovah)

의 축약형이다. 여코냐에게 몹시 화가 나신 하나님께서는 예레미야 22장에서 그 사람의 이름에서 그분의 이름을 빼 버리시고 그를 『**코니야**』라고만 부르셨다. 그런 다음 주님께서는 코니야의 후손들 가운데 어떤 사람도 왕으로서 이스라엘을 통치하지 못할 것이라고 말씀하신다. 문제는 "**요셉**"이 코니야의 후손이라는 점이다(마 1:11-16). 그렇기 때문에 만약 예수 그리스도께서 요셉의 문자적인 아들이라면 다윗의 보좌를 주장하실 수 없다. 그런데 하나님께서는 다윗에게 그의 씨가 그의 보좌에 앉아 이스라엘을 『**영원히**』 다스리게 될 것이라고 약속하셨다(삼하 7:12-16, 시 89:20-37). 이 문제들을 해결하려면 예수 그리스도께서 "**하나님**"을 그분의 아버지로 두신 상태에서 다윗의 가문 출신인 처녀에게서 태어나시면 된다(사 7:14). 그렇게 하면 예수님께서는 여코냐의 후손들 위에 내려진 저주를 피해 가실 수 있게 된다. 또한 요셉의 '양자'로서 솔로몬을 통해 이어지는 보좌에 대한 "**합법적인 권리**"(legal right)를 주장하실 수 있으며, 마리아를 통한 다윗의 "**실제적인**" 아들로서 보좌에 대한 "**언약적인 권리**"(covenantal right)를 주장할 수 있게 된다. 주님께서 여코냐의 저주 아래에 놓이시지 않기 때문이다. 이렇게 하면 모든 문제가 해결된다.

마지막으로 38절에서 누가가 그리스도의 가계를 첫 번째 "**사람**"인 아담으로까지 거슬러 올라가는 것에 주목하라. 이것은 누가복음의 주제, 곧 "**인자**"로서의 예수님을 강조하고 있기 때문이다. 마태는 마태복음 1:1에서 히브리 민족의 조상(아브라함)과 처음으로 하나님의 영예를 입은 이스라엘의 왕(다윗)으로까지 올라가는데, 이것은 마태가 "**유대인의 왕**"으로서의 예수님을 다루고 있기 때문이다. 요한은 창세기 1:1 이전으로까지 거슬러 올라가는데, 이는 그가 그리스도를 "**하나님의 아들**"로서 제시하고 있기 때문이다(요 1:1-3). 마가는 그의 복음서에서 어떤 계보도 제시하지 않는데, 그것은 예수님께서 "**하나님의 종**"으로서 제시되고 있으며 어떤 사람도 종의 계보에 대해서는 관심조차 두지 않기 때문이다.

제3과
복습문제

1. 누가복음 3:2을 보면 침례인 요한의 사역 당시 두 명의 대제사장들이 있었는데, 이는 일반적이지 않은 보기 드문 모습이었다. (O , X)

2. 누가복음 3:3의 "for the remission of sins"에서 "for"라는 단어는 익히 알고 있는 것처럼 "목적"(~위하여)의 뜻으로 번역해야 한다. (O , X)

3. 누가복음 3:16에서 성령으로 또 불로 침례를 주신다고 말씀하시는데, 여기서 성령 침례와 불 침례는 동일한 것이다. (O , X)

4. 성경 전체를 통틀어서 새들은 영들의 유형이다. (O , X)

5. 누가복음 3:22 말씀을 보면 하나님께서는 세 인격으로 나타나시는 한 분 하나님이심을 알 수 있다. (O , X)

■ 새롭게 깨달았거나 적용할 내용이 있다면 적어 보세요. ■

NOTES

제4과

광야에서 받으신 세 가지 시험(4장)

『예수께서 성령으로 충만하여 요단 강에서 돌아오신 후 성령으로 인도되어 광야로 가셔서 사십 일 동안 마귀에게 시험을 받으시더라』(눅 4:1,2).

인자의 시험과 갈릴리 사역의 시작

누가복음 4장은 주 예수 그리스도께서 광야에서 시험받으시는 장면과 그 직후 갈릴리에서의 사역을 시작하시는 장면을 우리에게 생생하게 보여 준다. 예수님께서는 인자, 즉 한 사람의 인간으로서 이 땅에 오셨으므로 우리 모든 사람들과 마찬가지로 시험을 받으셔야 했고 (1-13절, 히 4:15), 사역에 있어서의 좌절도 맛보셔야 했다(22-29절). 그러나 주님께서는 그 모든 시련 속에서도 죄짓지 않으시고 맡으신 임무를 신실하게 수행하심으로써 우리들에게 위대한 본을 보이셨다.

인자의 시험

『예수께서 성령으로 충만하여 요단 강에서 돌아오신 후 성령으로 인도되어 광야로 가셔서 사십 일 동안 마귀에게 시험을 받으시더라. 이 기간 동안에는 아무것도 잡수시지 아니하시니 그 날수가 끝난 후에는 시장하게 되시니라』(1,2절).

예수님께서 광야에서 받으신 시험의 구체적 내용에 대해서는 사복음서 가운데 마태복음과 누가복음에만 나온다. 제시된 순서에는 차이가 있는데, 두 복음서 모두 빵의 시험이 가장 먼저 나오는 것은 동일하나 마태복음에서는 "뛰어내려보라"는 시험이 뒤이어 나오고(마 4:6), 누가복음에서는 "마귀에게 경배하고 모든 나라들과 그것들의 영광을 취하라"는 시험인 것으로 나온다(6,7절). 럭크만 박사는 마태복음은 논리적으로 중요한 순서에 따라 기록된 반면, 누가복음은 요일 2:16에서 제시되는 순서대로 기록되었기 때문이라고 설명한다. 즉 누가복음은 이 악한 현 세상에 발을 딛고 살아가는 인간이라면 누구나 맞닥뜨리게 되는 육신의 정욕, 안목의 정욕, 생의 자랑을 차례로 제시한 것인데, 이러한 면에서 우리는 새삼 누가복음이 철저히 "인자"로 오신 예수 그리스도를 조명한다는 점을 깨달을 수 있다.

첫 번째 시험에서 사탄은 하나님께서 허락하시지 않은 물질로 문제를 해결하라면서 "육신의 정욕"을 부추겼다. 음식을 먹지 않는 것은 시험의 일종이었고, 아직 시험은 끝나지 않은 상태였다. 따라서 예수님께서는 음식을 드셔서는 안 되었지만, 40일간이나 금식한 인간에게 음식의 유혹이란 뿌리치기 쉽지 않을 터였다. 그런 사정을 잘 알고 있던 사탄은 "하나님의 아들씩이나 되면서 거지처럼 주린 배를 부여잡고 있느냐? 너에게는 여기 있는 돌을 빵으로 바꿀 능력이 있지 않느냐? 왜 그 능력을 사용하지 않는 것이냐?" 하고 시비를 걸어왔다(3절). 이 시험은 "네 힘으로 문제를 해결하라."라는 메시지를 내포하고 있다는 점에서 스스로의 힘으로 구원을 유지해야 한다는 교리를 담고 있는 알미니안주의와도 맞닿아 있다.

두 번째 시험은 사탄이 주님께 모든 나라들을 "보여 주면서"(5절) 시작된다. 보기에 즐거운 것들을 통해 "안목의 정욕"을 부추겼던 것이다. 이것은 약 4,000년 전에 이브를 녹다운시킨 결정적 한 방이었다. 『**여자가 보니 그 나무가 먹음직하고 보기에도 즐겁고 현명하게 할 만큼 탐스러운 나무인지라, 그녀가 거기에서 그 열매를 따서 먹고 그녀와 함께한 자기 남편에게도 주니, 그가 먹더라**』(창 3:6). 사탄은 그 모든 권세와 영광의 대가로 대단한 노력을 요구하지 않았다. 경배하기만 하면 그것들을 주겠다는 것이 그의 약속이었다(7절). 물론 거짓말의 아비인 그가(요 8:44) 그 약속을 지킬 리는 만무하지만, 적어도 그에게 그렇게 할 수 있는 권세가 있다는 것만큼은 분명했다(고후 4:4). 따라서 시험도 십자가도 없이 지금 당장 최종 목표를 취할 수 있게 해주겠다는 그의 제안은 인간이라면 누구나 솔깃할 만한 것이었다. 이 시험은 소위 말해 "악마에게 영혼을 팔아서라도" 네가 하고 싶은 일을 이루라는 메시지를 내포하고 있다는 점에서 사탄주의와도 연결된다.

마지막 세 번째 시험에서 사탄은 예수님을 성전 꼭대기로 데려가서 "만일 네가 하나님의 아들이면 여기서 뛰어내려 보라."라고 했다. 이는 예수님으로 하여금 자신의 뛰어남을 스스로 드러내도록 유인하는 데 목적을 둔 것으로, 곧 "생의 자랑"을 이끌어내기 위한 것이었다. 하나님으로서의 모습을 보여 주실 때의 예수님이라면 뛰어내려서 다치지 않는 차원을 넘어 아예 허공을 걸어 지상에 사뿐히 내려앉는 위용을 보이실 수도 있었겠으나, 그렇게 하신다면 "완벽한 인간"으로서 시험을 통과하신 게 아니게 된다. 만일 그렇게 되었다면 애당초 인간이 겪는 시험이란 것은 하나님과 같은 정도의 능력이 없다면 통과할 수 없다는 결론이 나게 되고, 우리들은 시험을 받을 때면 "나 같은 게 무슨 승리를 바라겠어." 하며 패배주의에 빠질 수밖에 없으며, 주 예수님께로부터 어떤 도움도 기대할 수 없었을 것이다(히 2:18). 나아가 우리가 완벽한 의를 전가 받아 구원받는 일도 불가능해졌을 것이다(히 2:10). 그래서 예수님께서는 그렇게 하지 않으시고, 인간으로서의 모습으로 사탄의 시험을 통과하셨다. 한편, 이 시험은 "네가 어떻게 행하더라도 하나님께서 다 알아서 하실 것이다."라는 메시지를 내포하고 있다는 점에서 칼빈주의와 맞닿아 있다.

사탄은 예수님을 성전 꼭대기로 데려갔을 때 성경을 인용했는데, "그가 너를 위하여 자기 천사들에게 명하시어 너를 지키게 하시

리라. 또 그들의 손으로 너를 받들어 어느 때라도 네 발이 돌에 부딪히지 않게 하시리라."라고 되어 있지 않느냐는 것이었다(10,11절).

그러나 여기에는 함정이 둘 있는데, 하나는 교묘한 변개가 숨어 있다는 것이다. 우선 사탄은 원래의 말씀인 시 91:11,12에서 "너의 모든 길에서"라는 표현을 빼버렸고, 그 대신 "어느 때라도"라는 표현을 첨가해 넣었다. 그렇게 함으로써 해당 본문을 시공간적 제약 없이 무슨 짓을 하더라도 하나님의 보호가 약속되었다는 내용으로 둔갑시켰던 것이다. 게다가 원래의 시편 말씀을 읽어보면 그 적용을 재림 때로 해야 함을 쉽게 알 수 있음에도 불구하고, 사탄은 앞뒤를 잘라 마치 그 말씀이 현재(초림 때)에 해당하는 것처럼 들리게끔 했다. 이러한 교묘한 술수는 성경을 정확하게 알고 있지 못하면 넘어가고도 남을 만한 것이었다.

우리는 이때의 사건으로부터 몇 가지 교훈을 얻을 수 있다. 우선 사탄도 성경을 인용할 수 있으므로 누군가가 하나님의 말씀을 운운한다는 사실만으로 그 사람을 "아군"이라고 판단하면 곤란하다는 점이다. 또 우리는 성경에서 아주 약간이라도 말씀을 빼거나 더하면 얼마든지 하나님의 말씀이 아니라 "사탄이 하고픈 말"이 될 수 있다는 점도 배울 수 있다. 심지어는 그 적용 시점만 약간 비틀어도 "사탄의 교리"를 정당화할 명분이 되고 만다는 점도 알 수 있어 큰 교훈을 준다. 요컨대 변개되지 않은 하나님의 말씀을 올바로 나누어 공부하지(딤후 2:15) 않은 사람이라면 사탄에게 당하거나 심지어는 아예 사탄의 하수인으로 전락할 게 분명하다는 것이다.

예수님께서 광야에서의 시험에서 승리하신 비결은 기록된 말씀에 있었다. 말씀 그 자체이신(요 1:1,2,14) 그분께서는 얼마든지 새롭게 말씀하실 수도 있

었을 테지만, 그렇게 하지 않으시고 세 번씩이나 기록된 말씀을 인용하심으로써 우리들에게 승리의 본을 남기신 것이다. 사탄의 세력과의 싸움에서 수비만 할 것이 아니라 궁극적으로 승리를 쟁취하려면 이 전쟁에서 우리에게 주어진 "유일한 공격 무기"인 성령의 칼, 곧 하나님의 말씀을(엡 6:17) 활용해야만 한다. 인간적 견지에서 봤을 때는 "그게 무슨 효과가 있겠느냐"하는 생각이 들 수도 있겠지만, 영적 세계에서 그 "말씀"이란 압도적 전력 차를 상쇄하고도 남을 만한 "비대칭 전력"급의 위력을 발휘한다(욥 40:19, 사 27:1, 히 4:12, 계 19:15). 시험에서의 돌파구를 찾고 있는가? 그렇다면 다른 모든 것에 앞서 그 문제에 대해 "성경이 무엇이라고 말하고 있느냐?"라는 질문의 답을 찾으라. 그것이야말로 시험에서 승리하는 유일하고도 궁극적인 해법일 테니 말이다.

갈릴리에서의 명성과 나사렛에서의 거부

『또 주께서 그들에게 말씀하시기를 "진실로 너희가 '의사야, 너나 고치라.' 하는 속담을 들어 '우리가 당신이 카퍼나움에서 행하였다고 들은 그 모든 것을 여기 당신의 고장에서도 행하여 보라.'고 나에게 말하리라."고 하시더라. 또 주께서 말씀하시기를 "진실로 내가 너희에게 말하노니, 자기 고향에서 환영받는 선지자는 아무도 없느니라』(23,24절).

예수님께서는 성령의 권능으로 갈릴리로 돌아오셔서(14절) 사역을 시작하셨는데, 갈릴리 사람들은 대체로 그분을 잘 받아들였다. 그도 그럴 것이 이미 유월절 명절날에 주님께서 예루살렘에 계실 때 많은 사람이 그가 행하신 모든 일들을 보고 그분을 믿었기 때문이었다(요 2:23; 4:45). 또 예수님께서는 갈릴리의 유대인들이 표적들과 이적들을 보지 아니하고는 전혀 믿지 아니하리라는 사실을 잘 알고 계셨고(요 4:48) 따라서 갈릴리 지방을 두루 다니시면서 하나님의 나라와 왕국 복음을 전파하실 때 그것들을 함께 행하셨다(마 4:23-25, 막 1:14). 결과적으로 주님께서 갈릴리에서 사역하시던 이 무렵에는 큰 무리가 그분을 따르기도 했다(마 4:25).

그러나 갈릴리 지방에 속한 성읍이었던 나사렛만큼은 예외였다. "자기 고향에서 환영받는 선지자는 아무도 없느니라."라는 예수님의 말씀 그대로였다. 그 구체적 내용은 사복음서 가운데 누가복음에만 기록되어 있다. 회당에서 이사야서를 읽으시고 그 성경의 성취를 선언하셨을 때(16-21절), 나사렛 사람들은 그분의 증거를 인정하면서도 선지자로서의 주님을 쉽사리 받아들이지 못했다(22절). 나사렛 사람들은 원체 평이 좋지 않은 사람들이기도 했거니와(요 1:46), 인간으로 오신 예수님의 성장 과정을 지켜보기도 했을 그들로서는 동네 꼬마였던 녀석이 선지자입네 하는 것을 받아들이기란 여간 어려운 게 아니었을 터다.

예수님께서 나사렛의 회당에서 읽으셨던 말씀의 출처가 되는 이사야서의 본문은 이렇게 기록되어 있다. 『주 **하나님**의 영이 내게 임하셨으니, 이는 **주**께서 내게 기름을 부으사 온유한 자에게 기쁜 소식들을 전파하게 하셨음이라. 그가 나를 보내심은 마음이 상한 사람들을 싸매고, 포로 된 자에게 자유를, 갇힌 자에게 감옥이 열림을 선포하며, **주**의 기뻐 받으시는 해를 선포하고, 우리 하나님의 복수의 날을 선포하며, 모든 슬픈 자를 위로하고,』(사 61:1,2) 그런데, 주님께서는 "우리 하나님의 복수의 날을 선포하며"라는 부분 직전에서 읽기를 중단하시고 책을 덮으셨다. 그 까닭은 "이 성경이 오늘날 너희 귀에 이루어졌느니라."라는 주님의 말씀으로부터 찾아볼

수 있다(눅 4:21). 예수님께서는 당시에 성취되었던 말씀만을 읽으셨기에 "우리 하나님의 복수의 날을 선포하며"라는 부분은 읽지 않으셨던 것이다. 그 일은 약 2,000년 후에 있을 예수님의 지상 재림 때에나 일어날 일이다.

이처럼, 성경에는 연이어 나오는 말씀들임에도 불구하고 교리적으로 서로 다른 경륜에 해당하는 경우가 왕왕 있다. 그래서 성경은 올바로 나누지 않으면 제대로 공부할 수 없다. 이런 진리에 무지한 신학자들은 말씀들을 억지로 끼워 맞추어 해석하다 보니 성경을 문자적으로 보지 못하고, 알레고리적 해석으로 일관한다. 말이 좋아 "알레고리적 해석"이지, 하나님께서 말씀하신 그대로를 믿지도 못하는 지경에 이르는 것이다. 선지자 에스겔은 말씀을 있는 그대로 받아들이지 못하고 "비유"로 바꿔 버리는 그런 사람들을 두고 탄식했다. 『그때 내가 말씀드리기를 "아, 주 **하나님**이여! 그들이 나에 대해서 말하기를 '그는 비유를 말하지 아니하는가?' 하나이다." 하였더라』(겔 20:49).

사람 속에 무엇이 들어 있는지를 아시는(요 2:25) 예수 그리스도께서는 나사렛 사람들의 마음을 읽으시고 "선제 공격"을 감행하셨다. **『또 주께서 그들에게 말씀하시기를 "진실로 너희가 '의사야, 너나 고치라.' 하는 속담을 들어 '우리가 당신이 카퍼나움에서 행하였다고 들은 그 모든 것을 여기 당신의 고장에서도 행하여 보라.'고 나에게 말하리라."고 하시더라』**(23절). "너희는 나를 인정하지는 않으면서도, 다른 곳에서 행했던 표적들과 이적들을 어디 여기서도 한번 해 보라는 식으로 나올 게 뻔하다."라는 말씀이었다. 마음이 이미 비뚤어져 있는 그런 자들에게는 어떤 수단도 소용이 없기 마련이다(16:31 참고).

예수님께서는 나사렛 사람들이 자신을 거부할 것임을 언급하신 후, 의미심장하게도 시돈의 성읍 사렙타의 과부와 시리아의 나아만 장군을 언급하셨다.

하나님께서 이방인들을 수혜자로 삼으셨던, 구약에서는 예외적인 사건들을 언급하신 것이다. 이로부터 우리는 유대인들이 그들의 왕을 거부함으로 인해 이방인들에게도 하나님의 자녀가 될 수 있는 기회가 열리는 교회 시대가 펼쳐지리라는 사실을 암시받을 수 있다(요 1:11,12). 물론 이러한 진리는 당대를 살았던 유대인들로서는 마음이 비뚤어지지 않았어도 받아들이기 쉽지 않았다(2:32,33, 행 11:3).

따라서 예수님의 발언은 나사렛 사람들에게는 단순한 모욕을 넘어 하나님과 그들의 관계를 폄훼하는 것으로까지 비치기에 충분했다. 성령으로 충만한 사람의 말은 으레 그런 기능을 한다(행 7:55-58). 유대인들은 그것을 심각한 범죄로 여기고 예수님을 돌로 치려고 했음이 틀림없다. 당시에는 사람을 돌로 쳐서 죽일 때면 성읍 바깥의 구덩이나 낭떠러지에 처넣고서 돌을 던지기 시작했는데, 나사렛 사람들이 이때 예수님께 했던 일도 정확히 이와 같았기 때문이다(29절).

그러나 예수님께서는 당해 주시지 않으셨고, 성난 군중으로부터 초자연적인 능력으로 빠져나오셨다. 예수님께서는 도망치신 것이 아니었다. 이는 그 성난 사람들 가운데를 가로지르셨다는 것을 보면 알 수 있다(30절). 예수님께서 유대인들을 마귀의 자식들이라고 힐책하시면서 그들과 극단적으로 대립하셨을 때에도 이런 일이 있었다(요 8:59). 예수님께서 죽음을 회피하신 이유는 죽음이 두려워서가 아니라, 그 때와 장소가 부적절했기 때문이었다. 주님께서는 자신이 언제, 어디서, 어떻게 죽어야 할지를 분명하게 알고 계셨기에 이때 자신의 생명을 내어 놓지 않고 빠져 나오셨던 것이다(9:51; 13:33, 시 34:20).

■ 새롭게 깨달았거나 적용할 내용이 있다면 적어 보세요. ■

카퍼나움에서의 사역

『그리하여 갈릴리의 한 성읍 카퍼나움으로 내려가셔서 안식일마다 그들을 가르치셨는데 사람들이 주의 교리에 놀라니 이는 주의 말씀에 능력이 있기 때문이더라』(31,32절).

갈릴리의 다른 성읍인 카퍼나움으로 이동하신 예수님께서는 나사렛에서와는 달리 많은 능력 있는 일들을 행하셨다. 카퍼나움의 회당에서 소리 질렀던 사람 안의 더러운 영이든, 베드로의 장모가 앓고 있던 열병이든 예수님께서 꾸짖으시면 즉시로 사라져야 했다. 예수님의 말씀에는 "가라." 하면 가고, "오라." 하면 와야 하는 "권위"가 있었기 때문이었다(마 8:9).

이쯤 되면 "나사렛 예수"의 능력으로 기적을 행한다고 하는 은사주의자들이 사기꾼이라는 사실이 명백해진다. 그들은 자신들의 집회나 교회에 나온 어떤 사람의 병이 낫지 않거나 일이 잘 풀리지 않으면 자기네들의 능력이 부족한 게 아니라 문제가 해결되지 않은 그 사람의 믿음이 부족한 것이라며 둘러댄다. 그러나 예수님께서 기적들을 행하실 때는 당사자의 믿음 여부는 전혀 중요하지 않았다. 회당에 있던 마귀 들린 사람도, 베드로의 장모도 "받을 만한 믿음"을 전혀 보이지 않았지만, 예수님께서 기적들을 행하시는 데는 전혀 문제가 없었다. 은사주의자들은 "나사렛 예수"의 능력과는 무관한 것이다.

베드로에게 아내가 있었다는 사실은 그를 "초대 교황"으로 여기는 로마 카톨릭에게는 퍽 껄끄러운 부분일 것이다. 제2차 바티칸 공회 문헌 가운데 하나인 〈사제의 생활과 교역에 관한 교령〉 제16항은 카톨릭

성직자가 되려면 반드시 독신 생활을 해야 한다는 것을 명시하고 있는데, 이러한 독신주의는 "베드로의 모범"과 상충되기 때문이다. 베드로뿐만 아니라 성경에 등장하는 모든 지역 교회의 감독은 모두 결혼한 남성이었다(딤전 3:2). 어떤 이유를 가져다 댄다고 해도 혼인을 금하는 것은 마귀들의 교리일 뿐이며(딤전 4:1-3), 특히 "성직자 독신제도"는 자의적 겸손까지 더한다는 점에서(골 2:18) 더더욱 그러하다.

한편, 주 예수님의 카퍼나움에서의 사역을 통해 우리는 마귀론에 관한 지식을 꽤나 많이 정립할 수 있다. 우선, 성경을 주의 깊게 읽는다면 카퍼나움의 회당에 있었던 사람에게 들어갔던 더러운 마귀(an unclean devil)는 앞서 광야에서 예수님을 시험했던 마귀(the devil)와는 전혀 다른 존재임을 눈치 챌 수 있다. 광야에서의 마귀는 예수님 앞에서 전혀 위축되지 않고 그분을 시험했던 반면, 여기에서의 마귀는 "나사렛 예수여, 우리를 내버려 두소서. 우리가 당신과 무슨 상관이 있나이까? 당신은 우리를 멸하려고 왔나이까? 나는 당신이 누구신 줄 아나이다. 하나님의 거룩한 분이시니이다."라는, 다소 겁을 먹은 듯한 반응을 보이고 있기 때문이다(34절).

그 이유는 예수님을 시험했던 마귀의 정체는 우주 전체를 통틀어 단 하나뿐인 개체인 사탄이었고, 카퍼나움의 회당에 있던 마귀의 정체는 사탄의 세력에 속해 있는 셀 수 없이 많은 마귀들 가운데 하나였기 때문이다. 모든 높은 것들을 바라보는 모든 교만의 자식들의 왕(욥 41:34), 사탄은 하나님 앞에서도 퍽 당당하다(욥 1:6-12). 그러나 마귀들은 그분 앞에서 떤다(약 2:19). "마귀"(the devil)와 "마귀들"(devils) 사이에는 분명한 격의 차이가 존재하는 것이다.

카퍼나움의 회당에서 주님과 마귀와의 대화를 살펴보면 사탄의 수하에 있는 존재들인 마귀들은 집단으로서 하나의 군체를 형성하는 습성이 있다는 점도 알 수 있다(8:30 참고). 분명 성경은 더러운 마귀의 영을 단수로 언급하시고 (33절; an unclean devil), 예수님께서도 그 마귀를 단수로서 지칭하시지만 (35절; Hold thy peace), 정작 그 마귀는 "우리를 내버려 두소서. 우리가 당신과 무슨 상관이 있나이까? 당신은 우리를 멸하려고 왔나이까?"라면서 계속해서 "우리"라는 표현을 쓰는 것을 보면 분명해진다(34절). 그 마귀가 나갔을 때 사람들도 "이것이 어떤 말씀이기에 권위와 능력으로 더러운 영들에게 명령하시니 그들이 나가는가!"라고 서로 말했다. 이로부터 우리는 마귀 들린 사람 안에는 여러 마귀들이 자리를 잡고 있었지만, 마치 하나의 개체처럼 행동했다는 사실을 깨달을 수 있는 것이다.

마귀들에게는 사람의 영적 특징을 즉시로 간파하고, 주님이나 주님께 속한 사람들을 보면 납작 엎드려 그 영적 위상을 인정하는 특성이 있다(34,41절, 8:28, 행 16:17; 19:15). "영적 분별력"은 하나님의 사람들의 전유물이 아닌 것이다. 그래서 결과만 놓고 보면 마귀 들린 사람들도 일종의 "설교자"처럼 되곤 한다. "나는 당신이 누구신 줄 아나이다. 하나님의 거룩한 분이시니이다."(34절), "당신은 하나님의 아들 그리스도시니이다."(41절)라는 고백이 마귀 들린 사람들의 입에서 나왔던 것이다.

그러나 주님께서는 그런 "믿음의 고백"을 꾸짖으시고 그들이 말하는 것을 허락지 않으셨다(41절). 그런 일을 방치하면 예수님께서 마귀들과 함께 일하시는 것처럼 보일 수 있으며(마 12:24 참고), 사역의 간증을 다 망치게 될 터였기 때문이다. 물량주의에 찌든 현대의 제도권 교회들에서는 예수님의 이러한 처사를 결코 이해할 수 없을 것이다. 그들은 "예수님의 이름만 있다면 함께하지 못할 이유가 없다"면서 자기편을 하나라도 더 늘리려고 혈안이 되어 있지만, 그들과는 달리 예수님께서는 간증을 더럽히는 것들은 없느니만 못하다고 여기신다(창 14:23, 대하 25:6-10). 그리스도가 벨리알과 조화를 이룰 수는 없는 법이다(고후 6:15). 배교한 교회들이 유아 세례, 크리스마스, 부활절, 주기도문, 사도

신경과 같은 온갖 이교도적 풍습을 자행하는 것을 목도하면서도 "그들도 예수님을 믿잖아요!"라면서 두둔하지 말라는 것이다. 예수 그리스도께서는 그들에게서 나오라고 거듭 거듭 말씀하시지 않았는가!(롬 16:17, 고후 6:17, 딤전 6:3-5 계 18:4)

■ 새롭게 깨달았거나 적용할 내용이 있다면 적어 보세요. ■

계속되는 갈릴리 사역

예수님께서는 카퍼나움에서 환대를 받으셨지만, 그곳에 눌러 앉으실 수는 없었다. 머리 둘 곳조차 없는 여로에(눅 9:58) 또다시 들어서는 일이란 누구에게도 달갑지 않은 일일 테지만, 사람들에게 하나님의 나라를 전파할 임무를 맡으신 주님으로서는 그렇게 하셔야만 했다(43,44절). 주님께서는 상황이 좋든 나쁘든 간에 그것에 일희일비하면서 시간을 낭비하지 않고, 늘 "다음 할 일"을 내다보고 계속해서 움직이셨던 것이다. 자, 우리의 주님께서 이렇게 행하셨다면 그 분의 종인 우리들은 말해 무엇 하겠는가? 화해의 말씀을 맡은 모든 성도들이여(고후 5:19), 끊임없이 바깥으로 나가서 전파하고, 전파하고, 또 전파함이 마땅하지 않겠는가?

■ 새롭게 깨달았거나 적용할 내용이 있다면 적어 보세요. ■

제4과
복습문제

1. 누가복음은 주님께서 광야에서 받으신 시험을 요일 2:16에 제시된 순서를 따라 (   ), (   ), (   ) 순으로 제시한다.

2. 주 예수 그리스도께서는 광야에서의 시험에서 기존에는 없던 새로운 말씀으로 사탄에게 대항하셨다. (O , X)

3. 주님께서는 자신의 출신지인 나사렛에서 큰 환대를 받으셨다. (O , X)

4. 마귀 들린 사람은 영적 분별력을 상실한다. (O , X)

5. 주 예수님께서는 마귀들이 그분의 정체에 대해 거짓된 증거를 늘어놓을 때는 그들을 제지하셨지만, 마귀들의 고백이 정확할 때는 그들을 막지 않으셨다. (O , X)

■ 새롭게 깨달았거나 적용할 내용이 있다면 적어 보세요. ■

NOTES

제5과

제자들을 부르신 예수 그리스도(5장)

『이 일이 있은 후에 주께서 길을 가시다가 세무소에 앉아 있는 레위라고 하는 한 세리를 보고 그에게 말씀하시기를 "나를 따라오라."고 하시니 그가 모든 것을 버려 두고 일어나서 주를 따라가더라』(눅 5:27,28).

모든 것을 버리고 주를 따라가더라

누가복음에는 베드로, 야고보, 요한, 레위(마태)가 "모든 것을 버리고" 예수 그리스도를 따라가는 이야기가 나온다.

베드로, 야고보, 요한은 예수 그리스도의 명령에 따라 "깊은 데로 나가서" 그물을 내리고 그물이 찢어질 정도로 많은 물고기를 잡았다. 그런 후 예수 그리스도께서 시몬(베드로)에게 "두려워 말라. 이제부터 너는 사람들을 낚게 될 것이라."라고 말씀하셨을 때 『**그들이 배들을 육지에 대고, 모든 것을 버리고 주를 따라가더라.**』(11절)라고 성경은 기록하고 계신다.

레위(마태)는 예수 그리스도께서 길을 가시다가 세무서에 앉아 있는 레위에게 "나를 따라오라."라고 말씀하셨을 때, 『**그가 모든 것을 버려 두고 일어나서 주를 따라가더라.**』(28절)라고 기록하고 계신다.

성경은 부르심을 받은 제자들이 단순히 "따라갔다"고 기록하지 않으시고, 『**모든 것을 버리고**』, 『**모든 것을 버려 두고**』 따라갔다고 기록하고 계신다. 성경은 예수 그리스도를 따르고자 하는 사람은 반드시 모든 것을 버려야 한다는 명령을 우리에게 주고 계신 것이다.

■ 새롭게 깨달았거나 적용할 내용이 있다면 적어 보세요. ■

깊은 데로 가서 그물들을 내리라

『주께서 그 중 하나인 시몬의 배에 들어가셔서 그에게 육지로부터 조금 떨어지자고 청하고 앉으셔서 배에서 무리를 가르치시더라. 그때 주께서는 말씀을 마치시고 시몬에게 말씀하시기를 "깊은 데로 나가서 고기를 잡도록 그물들을 내리라."고 하시니 시몬이 대답하여 주께 말씀드리기를 "선생님, 우리가 밤새도록 애써 일하였으나 아무것도 잡지 못하였나이다. 그러나 선생님의 말씀에 따라 내가 그물을 내리겠나이다."라고 한 후 그렇게 하였더니 굉장히 많은 고기가 잡힌지라, 그들의 그물이 찢어지더라. 그때 다른 배에 있는 동료들을 불러, 와서 도와 달라고 하여 그들이 와서 양쪽 배에 가득히 채우니 배들이 가라앉기 시작하더라. 이것을 보고 시몬 베드로가 예수의 무릎 앞에 엎드리어 말하기를 "나를 떠나가소서. 오 주여, 나는 죄인이로소이다."라고 하더라』(3-8절).

이 본문은 "**그물이 찢어질 정도로 많은 물고기를 잡은 기적**"을 기록하고 있다. 이런 사건은 예수 그리스도의 사역에서 두 번 일어나는데, 한 번은 사역의 시작 부분에서이고(눅 5장), 다른 한 번은 부활 이후 사역 마지막 부분에서이다(요 21장).

예수 그리스도께서 베드로를 부르신 단계를 보면, 요한복음 1:40-42은 개인적인 소개와 초청에 해당되고, 마태복음 4장은 첫 번째 부르심이며, 누가복음 5장은 마지막으로 보다 깊은 차원의 더 헌신적인 수준에서의 제자로의 부르심임을 알게 된다. 누가복음 5장의 내용은 마태복음 4:18-20의 사건 이후에 일어난 사건임이 분명하다. 왜냐하면 이 부르심은 예수 그리스도께서 베드로의 장모를 치유해 주신 누가복음 4:38,39 이후에 일어났는데, 마태복음에서는 베드로의 장모를 치유해 주신 사건이 8:14,15에서 일어났기 때문이다.

『**무리가 하나님의 말씀을 듣고자 주를 떠밀치니 주께서는 게네사렛 호숫가에 서 계시더라**』(1절). 하나님의 말씀을 듣고자 하는 회중의 규모가 매우 커져서 예수 그리스도께서 그들에게 밀려 물속에 빠지시지 않기 위해선 배에 올라 전파하셔야만 하는 상황이다. "게네사렛 호수"는 "갈릴리 바다", "티베랴 바다" (요 21:1), "긴네렛 바다"(수 13:27, 또는 수 12:3의 "긴네롯 바다")로도 불린다.

역사적으로 갈릴리 바다에서는 물고기가 활동하는 밤에 물고기를 잡았다. 아침에는 어부들이 잡은 것을 해변으로 가지고 와서 분류를 했다. 그런 후 그 전날 밤에 그물에 걸린 물풀 등을 걷어 내기 위해 그물을 씻었고(2절), 또 물속에 있는 바위 등에 걸려 찢어진 그물들을 기웠다(마 4:21). 그런 다음에는 다시 고기잡이가 시작되는 일몰 때까지 약간의 휴식을 취했다.

예수 그리스도께서는 가르치시기를 마치셨을 때, 베드로에게 이렇게 말씀하셨다. 『**깊은 데로 나가서 고기를 잡도록 그물들[복수]을 내리라**』(4절). 그러나 베드로는 『**선생님, 우리가 밤새도록 애써 일하였으나 아무것도 잡지 못하였나이다. 그러나 선생님의 말씀에 따라 내가 그물[단수]을 내리겠나이다.**』(5절)라고 말했다. 예수 그리스도께서는 베드로에게 "**그물들**"을 내리라고 말씀하셨고, 베드로는 주님께서 그쯤에서 간섭을 그만두시도록 할 요량으로 "**그물 하나**"만을 내렸다. 예수 그리스도께서 여러 개의 그물들로 잡게 해 주시려 했던 물고기의 양은 베드로가 마지못해 내렸던 한 개의 그물을 찢어 놓았고(6절), 그로 인해 그들은 잡힌 물고기들을 곧바로 양쪽 배 안에 쏟아놓아야 했으며 결국 그 배들 모두 가라앉기 일보직전이었다(7절). 우리는 여기에서 예수 그리스도께서 우리에게 무언가를 말씀하실 때는 작은 것 하나라도 놓쳐서는 안 된다는 교훈을 얻을 수 있다.

두 번째 물고기 잡는 기적이 일어났을 때의 명령은 조금 달랐다. 누가복음 5장에서 베드로가 보였던 부분적인 순종을 기억하셨던 예수 그리스도께서는 두 번째 명령에서는 다르게 명령하셨다. 『**주께서 그들에게 말씀하시기를 "그물[단수]을 배 오른편에 던지라. 그러면 찾으리라."고 하시더라. 그러므로 던졌더니 고기 수가 많아서 그물을 끌어올릴 수가 없더라... 그렇게 많았으나 그물은 찢어지지 아니하였더라**』(요 21:6,11). 두 번째 상황에서는 그물이 찢어지지 않았기에, 그들은 잡은 고기를 배 뒤편에 달고 해변으로 끌어올 수 있었던 것이다(요 21:8).

『**이것을 보고 시몬 베드로가 예수의 무릎 앞에 엎드리어 말하기를 "나를 떠나가소서. 오 주여, 나는 죄인이로소이다."라고 하더라**』(8절). 이것이야말로 진정한 판결이요 참된 회개이다. 신학적으로 이것을 "<u>복음주의적인 회개</u>"라 한다. 즉 "<u>구원에 이르게 하는 회개</u>"인 것이다. 『**하나님의 뜻대로 하는 슬픔은 구원을 위한 회개에 이르게 하므로 후회할 것이 없느니라. 그러나 세상의 슬픔은 사망에 이르느니라**』(고후 7:10). 죄인이 하나님을 만나게 되면 자기 자신을 향해 완전히 '부정적인' 태도를 즉시로 취하게 되고 자기 자신에 대한 모든 신념과 자신감을 잃게 된다. 욥이 마지막에 하나님과 대면하게 될 때, 그는 이렇게 고백하고 있다. 『**내가 나를 미워하고 티끌과 재 속에서 회개하나이다**』(욥 42:6). 이사야는 다음과 같이 고백하고 있다. 『**내게 화로다! 내가 끊어졌도다. 이는 내가 불결한 입술을 가진 사람이며**』(사 6:5).

『**이는 자기들이 잡은 고기를 보고 자신과 자기와 함께한 모든 사람이 놀라움에 사로잡혔기 때문이라... 그들이 배들을 육지에 대고, 모든 것을 버리고 주를 따라가더라**』(9,11절). 본문은 마태복음 4:19,20과 마가복음 1:16-20의 부르심보다는 나중에 일어난 사건이다. 마태복음 4장에서 예수님께서 베드로, 야고보, 요한, 안드레를 부르셨을 때, 그들은 그저 그물들만 남겨 두었지만, 여기 본문에서는 그들이 『**모든 것을 버리고**』 따랐다고 말씀한다. 여기에서 알 수 있는 것은, 모든 것을 버리지 않고서도 그리스도를 따를 수 있지만, "모든 것을 버리고 따르는 것"이 부르심에 합당한 참된 제자의 반응이라는 사실이다.

문둥병자를 치유하심

『주께서 손을 내밀어 그를 만지며, 말씀하시기를 "내가 원하노니 깨끗해지라."고 하시니, 즉시 그 문둥병이 그에게서 떠나더라』(13절).

『주께서 어느 성읍에 계셨을 때에, 보라, 온몸이 문둥병에 걸린 한 사람이 있는지라, 그가 예수를 보자 얼굴을 땅에 대고 간구하여 말씀드리기를 "주여, 주께서 원하시면 저를 깨끗하게 하실 수 있나이다."라고 하니』(12절). 성경에서 문둥병이 처음으로 등장하는 곳은 출애굽기 4:6-8에서인데, 거기에서는 문둥병이 기적적으로 치유되는 모습이 이스라엘을 위한 표적으로 모세에게 주어졌다(고전 1:22). 예수 그리스도께서는 모세와 같은 바로 그 선지자이셨으므로(신 18:18, 행 3:22-26), 모세에게 주어진 표적으로서의 은사들을 행사하신다.

『주께서 손을 내밀어 그를 만지며』(13절). 문둥병자를 만지는 것은 율법하에서는 절대로 해서는 안 되는 행동이었다. 문둥병자는 진영 밖에 살면서 자신의 입을 가리고 **『불결하다, 불결하다』**라고 부르짖어야 했으며, 아무도 그에게 가까이 다가가 전염되는 일이 있어서는 안 되었다(레 13:45,46, 민 5:2,3). 불결한 어떤 사람을 만지는 그 누구라도 불결하게 되었다(민 19:22). 그러나 그리스도께서는 위대한 대제사장으로서(히 3:1) 행동을 취하시고 있다. 구약에서 아론 계열의 대제사장은 흘려진 피에 의하여 깨끗해진 문둥병자를 만지는 것이 허락되었다(레 14:14). 그리스도께서는 그분의 백성들을 위해 흘리실 피를 통하여 그들의 연약함을 짊어지심으로써 그분의 메시아적인 역할을 수행하고 계시는 것이다(사 53:5, 마 8:17).

『그후 주께서는 광야로 물러가서 기도하시더라』(16절). 복음서들에는 예수 그리스도께서 혼자 따로 떨어져서 기도하시는 모습이 반복해서 나온다. 마가복음 1:34,35에서도 주님께서 그렇게 하셨고, 여기 누가복음에서도 주님께서 그분의 제자들을 선택하시기 전에 산에서 온 밤을 새우시며 기도하셨다(눅 6:12). 약 5천 명을 먹이신 이후에도 또다시 기도를 하셨다(마 14:23). 물론 십자가에 처형되시기 그 전날 밤에는 베드로, 야고보, 요한과 함께 기도하시기 위해 겟세마네 동산으로 가신다(마 26:36-39). 예수 그리스도께서는 기도를 통해 하나님으로부터 힘을 얻으셨고 인도함을 받으셨다. **하나님의 아들께서도 이곳 지상에 계시면서 이러한 것들을 필요로 하셨는데, 하물며 우리는 얼마나 더 많이 필요하겠는가? 우리의 구주처럼 우리도 기도를 통해 그러한 것들을 얻을 수 있다**.

지붕으로 올라가 기와를 뚫은 믿음

『어느 날 주께서 가르치실 때 바리새인들과 율법 박사들도 그 곁에 앉아 있었는데, 그들은 갈릴리의 각 고을과 유대와 예루살렘에서 왔더라. 주의 권능이 그곳에 있어 그들을 치유시켜 주시더라. 그런데, 보라, 사람들이 한 중풍병에 걸린 사람을 침상째 안으로 데려와 주 앞에 내려놓으려고 애를 쓰더라. 그러나 무리 때문에 그를 데리고 들어갈 수 있는 방도를 찾지 못하자 지붕으로 올라가 기와를 뚫어 그를 침상과 함께 예수 앞에 한가운데 내려놓으니 주께서 그들의 믿음을 보시고 그 사람에게 말씀하시기를 "이 사람아, 네 죄들이 용서되었느니라."고 하시더라』(17-20절).

17절은 누가복음에서 **『율법 박사들』**이 두 번째로 등장하는 장면이다(눅

2:46). 바울을 훈련시켰던 사람(가말리엘 - 행 22:3)은 『**율법 박사**』였다(행 5:34). 바리새인들은 이스라엘 민족을 가르치는 성경 교사들이었으며, 세 가지 수준의 교육이 있었는데, 곧 랍(Rab)과 랍비(Rabbi)와 랍바크(Rabbak, 율법 박사)였다.

『**주께서 그들의 믿음을 보시고**』(20절). 누구의 믿음이라고 했는가? 중풍에 걸린 사람을 예수 그리스도께 데리고 온 그 네 사람의 믿음이었다. 본문에서는 그 병자에게 치유를 받기 위한 믿음이 있었다는 어떤 암시도 찾아볼 수 없다. 오히려 성경은 중풍병자와 중풍병자를 데려온 사람들을 의도적으로 구분하고 있다. 18절은 『**사람들**』과 『**중풍병에 걸린 사람**』, 19절은 "they"(문장 흐름상 우리말 번역 생략)과 "him"(『그』), 20절은 『**그들**』과 『**그 사람**』으로 분리해서 언급하고 있다.

『**이 사람아, 네 죄들이 용서되었느니라**』(20절). 야고보서 5:15에서처럼 질병과 연관된 죄들이 있다. 이 말씀도 죄에서 기인한 질병도 있다는 것을 의미한다. 이런 이유로 요한복음 9:2에서는 제자들이 다음과 같이 질문하고 있는 것이다. 『**선생님, 이 사람이 소경으로 태어난 것은 누가 죄를 지은 것이니이까, 이 사람이니까, 아니면 그의 부모니이까?**』 물론 요한복음 9:3에서 보듯이 항상 그런 것은 아니다. 그러나 때때로 그런 경우가 있는데, 누가복음 5장 본문의 경우가 그렇다.

『**그때 서기관들과 바리새인들이 의논하기 시작하여 말하기를 "하나님을 모독하는 말을 하는 이 사람은 누구인가? 하나님 한 분 외에 누가 죄들을 용서할 수 있단 말인가?"라고 하니**』(21절). 바리새인들은 그리스도께서 자신을 누구라고 주장하고 계신지를 정확하게 알고 있었다. 『**선한 일로 인하여 너를 돌로 치려는 것이 아니고 하나님을 모독하기 때문이라. 이는 네가 사람이면서 하나님으로 자처하기 때문이라**』(요 10:33).

22절에서 예수님께서는 신성을 발휘하셔서 그분의 반대자들의 생각을 읽으신다. 요한은 예수님에 관하여 이렇게 기록하고 있다. 『**또 사람 속에 무엇이 들어 있는지를 아시므로 누가 사람에 관하여 증거하는 것도 필요로 하지 아니하시더라**』(요 2:25). 성령께서는 에스겔로 하여금 『**이스라엘 집**』에 다음과 같이 기록하도록 하셨다. 『**내가 너희 마음속에 생기는 일들을 일일이 아노라**』(겔 11:5). 다윗은 죽기 전에 솔로몬에게 당부하면서 이렇게 말했다. 『**주께서는 모든 마음을 살피시고 생각의 모든 상상을 아시나니**』(대상 28:9).

『**'네 죄들이 용서받았느니라.'고 말하는 것과 '일어나서 걸어가라.'고 말하는 것 중에서 어느 것이 더 쉽겠느냐?**』(23절) 바리새인들과 서기관들의 경우에는 그 어떤 것도 더 쉽지 않았다. 왜냐하면 그들은 그 사람을 치유할 수도 없었고 그의 죄들을 용서할 수도 없었기 때문이다. 예수 그리스도께서는 둘 다 하실 수 있다. 그분께서는 죄들을 용서하실 수 있는 분이라는 사실을 그들에게 입증해 보이시기 위하여 중풍에 걸린 사람을 치유하신 것이다.

본문에서 중풍에 걸린 사람의 반응은 사도행전 3:8에서 앉은뱅이가 보였던 반응과 똑같은데, 그는 『**하나님께 영광을 돌리며**』 집으로 갔다. 26절에서 무리들의 반응을 보면 그들은 하나님께 영광을 돌릴 뿐만 아니라 『**놀라**』고 『**두려움에**』 차기까지 한다. 『**우리가 기이한 일들을 보았다.**』 정말이지 그들은 아직도 어떻게 받아들여야 할지 모르고 있는 것이다.

그러나 한 장도 채 지나지 않아서 반응이 바뀌는데, 예수 그리스도께서는 어떤 사람의 마른 손을 치유하실 때 그곳에 있던 바리새인들의 반응이 어떠한지를 보라(눅 6:10). 『**그러자 그들은 분노로 가득 차서 예수를 어떻게 할까 하고 서로 의논하더라**』(눅 6:11). 이렇게 반응이 달라지는 이유는 무엇인가? 그 이유는 6장에서 예수 그리스도께서 손이 마른 사람을 치유하신 날이 "<u>안식일</u>"이기 때문이다(눅 6:7-9). 그것은 요한복음 5장에서도 벌어졌던 일인데, 예수님께서 무기력한 병자 하나를 치유하시면서 침상을 들고 걸어가라고 말씀하신 날도 안식일이었다(요 5:8-11).

그 상황에서 유대인들은 무기력한 병자가 치유받은 것을 기뻐하고 하나님께 영광을 돌리기보다는 오히려 『**예수를 박해하고 또 죽이려**』 했다(요 5:16). 그들은 도움이 필요한 죄인의 삶에 하나님께서 역사하시는 것보다 그들의 종교적인 의식들에 더 관심이 많았다. 이는 마가복음 5:1-17에서 예수 그리스도께서 그들의 지역 사회의 문제를 제거해 주신 것보다 돼지 떼를 잃어버린 것에 대해 더 관심이 많았던 가다라인들과 매한가지이다.

모든 것을 버려 두고 일어나서 주를 따라가더라

『이 일이 있은 후에 주께서 길을 가시다가 세무소에 앉아 있는 레위라고 하는 한 세리를 보고 그에게 말씀하시기를 "나를 따라오라."고 하시니 그가 모든 것을 버려 두고 일어나서 주를 따라가더라』(27,28절).

27,28절은 마태복음 9:9에서도 볼 수 있듯이 사도 마태를 부르시는 내용에 관한 기록이다. 마가복음 2:14과 누가복음 5:27을 통해 알 수 있는 것은, 마태의 본래 이름은 레위였고 그가 예수 그리스도를 따르기 시작한 이후에 별명으로 "**마태**"란 이름을 받았다는 사실이다. 이 이름의 의미는 "**하나님의 선물**"이다. 마태는 주 예수 그리스도를 통해 하나님의 선물을 받았고(롬 6:23) 그리스도 안에서 새로운 피조물이 되었다(36-39절, 고후 5:17).

레위는 당시 로마의 협력자요 착취자로 여겨져 미움을 받던 "세리"였다. 당시 『**세무소**』는 "세리"가 업무를 보고 세금을 거두는 장소였다. 이렇게 로마의 협력자이자 착위자로 여겨졌던 세리들은 『**죄인들**』로 간주되었는데(30절), 이는 유대인들이 세리들을 도둑, 살인자, 창녀와 같이 극도로 사악한 사람들이라고 여겼기 때문이다.

죄인들을 불러 회개에 이르게 하려고 왔노라

> 『예수께서 대답하여 그들에게 말씀하시기를 "건강한 사람들에게는 의사가 필요 없지만 병든 사람들에게는 필요하니라. 나는 의인들을 부르러 온 것이 아니요, 죄인들을 불러 회개에 이르게 하려고 왔노라."고 하시더라』(31,32절).

『그리하여 레위가 자기 집에서 주를 위하여 큰 잔치를 베푸니 많은 세리들과 또 다른 많은 사람들이 그들과 함께 앉았더라. 그때 서기관들과 바리새인들이 주의 제자들에게 불평하여 말하기를 "어찌하여 너희는 세리들과 죄인들과 함께 먹고 마시느냐?"고 하니』(29,30절). 서기관들과 바리새인들이 했던 불평은 사실 예수 그리스도를 향한 불평이었다. 누가복음 15:2에서는 이를 잘 보여 준다. **『바리새인들과 서기관들이 불평하여 말하기를 "이 사람은 죄인들을 영접하여 함께 음식을 먹는다."고 하더라.』** 그들이 예수 그리스도를 가리켜 **『탐식하는 자요, 술을 즐기는 자며, 세리들과 죄인들의 친구』**(눅 7:34)라고 했던 모습은 예수 그리스도의 공생애 동안 늘 있는 일이었다.

『나는 의인들을 부르러 온 것이 아니요, 죄인들을 불러 회개에 이르게 하려고 왔노라』(32절). 병든 사람들에게 의사가 필요한 것과 같이, 예수 그리스도께서는 선한 사람들을 구원하시기 위해 오신 것이 아니라, "죄인들"을 구원하시기 위해 오신 것이다.

신혼방의 아이들

『그들이 주께 말하기를 "요한의 제자들은 바리새인들의 제자들과 마찬가지로 자주 금식하고 기도하는데 어찌하여 당신의 제자들은 먹고 마시기만 하나이까?"라고 하니, 주께서 그들에게 말씀하시기를 "너희는 신혼방의 아이들이 신랑과 함께 있는 동안 금식하게 할 수 있겠느냐? 그러나 신랑을 그들에게서 빼앗길 날들이 오리니, 그러면 그 날들에는 그들도 금식하리라."고 하시니라』(33-35절).

34,35절에서 **『신혼방의 아이들』**은 결혼식에서 신랑, 신부를 수행하는 사람들인데, 오늘날의 신부 들러리와 신랑 들러리에 해당한다. **『신랑』**은 분명 예수 그리스도를 언급한다(요 3:29). 그렇다면 이 실례에서 빠져 있는 대상은 누구인가? 다름 아닌 "신부"이다. 신부는 교회, 곧 그리스도의 몸인데(엡 5:22,23), 아직은 그리스도의 영적인 몸에 관한 내용은 계시되지 않는다. 그러므로 바리새인들에게는 예수 그리스도께서 하신 말씀이 일종의 수수께끼였을 것이다.

그리고 **『신혼방의 아이들』**이 "**유대인 제자들**"을 언급하고 있다는 사실로 인해서 문제는 보다 더 복잡해진다. 그리스도께서 그들과 함께 계시는 동안에는 그들이 기뻐하면서 금식을 하지 않지만, 사도행전 1장에서 그리스도께서 그들로부터 하늘로 취해지실 때에는 금식하게 된다. 그런데 사도행전으로 넘어가게 되면 그들은 엄밀히 말해서 더 이상 유대인 제자들이 아니다. 성령에 의해 그리스도의 몸 안으로 침례를 받고 신부의 일부가 되기 때문이다. 따라서 그들은 더 이상 **『신혼방의 아이들』**이 아닌 것이다. 그러나 "**마태복음 25장**"에서는 **『신혼방의 아이들』**과 같은 부류를 만나게 되는데, 그들은 **『처녀들』**로서 **『신랑을 맞으러』** 나간다(마 25:1).

당시에 어떤 남자가 한 여인과 약혼하면 그는 그녀를 위해 집을 마련하기 위해 떠난다(요 14:2). 그러고는 그의 신부를 얻기 위해 다시 와서 혼인 잔치를 위해 그녀를 그의 집으로 데리고 간다(요 14:3). 도중에 수행원들이 그들과 합류하게 되는데, 그것이 바로 마태복음 25장에서 벌어지는 내용이다.

"**현명한 처녀들**"과 "**어리석은 처녀들**"의 비유는 "**유대인**"의 비유이지 교회 시대의 비유가 아니다. 그리스도의 몸은 단수로서 『**처녀**』이며(고후 11:2), 복수로서의 『**처녀들**』(계 14:4 - 『**동정들**』)은 환란 시대의 유대인 성도들이다. 마태복음 25장에 나오는 처녀들은 신랑을 『**맞으러**』 나가는 것이지 그와 결혼하러 가는 것이 아니다. 그리고 마태복음 25장의 처녀들은 "**성령을 잃어버릴**" 수 있는(마 25:8, 시 51:11) 반면, 그리스도의 몸 안에 있는 거듭난 성도들은 그럴 수 없다(엡 4:30).

그러므로 누가복음 5:34,35에서는 "**교리적인 관점**"에서 볼 때 주님께서 교회 시대 2천여 년의 역사를 훌쩍 뛰어넘고 계시는 것이다. 35절에서 금식을 하는 사람들은 34절에서와 마찬가지로 "**유대인 제자들**"이지만, "**예언적으로 보았을 때**" 그들은 재림 때에 주님께서 돌아오실 것을 기도하며 금식하는 "**환란 시대**"에 그리스도의 유대인 제자들이다(계 12:17; 14:12). 그들은 "**어린양의 혼인식**"에서 신랑과 신부를 수행할 『**처녀들**』이다(시 45:14, 솔 6:8-9).

새 포도주는 새 가죽 부대에

『주께서 또 비유로 그들에게 말씀하시기를 "새 천조각을 낡은 옷에 대고 깁는 사람은 아무도 없나니, 만일 그렇게 하면 새 것도 해어진 것이 될 뿐만 아니라 새 것에서 자른 천조각과 낡은 옷

도 어울리지 아니하느니라. 또 새 포도주를 낡은 가죽 부대에 붓는 사람은 아무도 없나니, 만일 그렇게 하면 새 포도주가 그 가죽 부대를 터뜨려 포도주도 쏟아지고 가죽 부대도 망가지리라. 그러나 새 포도주는 새 가죽 부대에 부어야만 하나니, 그리하면 둘 다 보존되느니라. 또 묵은 포도주를 마시고 즉시 새 포도주를 원하는 사람은 아무도 없나니 이는 그 사람이 말하기를 '묵은 것이 더 좋다.' 함이라."고 하시더라』(36-39절).

본문에 나오는 두 가지 실례는 사실 별개가 아니고 "하나"이다. 그래서 "비유들"이라 말씀하지 않고 단수로 『**비유**』라고 하는 것이다. 이는 36절의 『**새 것**』이 38절의 『**새 가죽 부대**』에 대응되고, 36절의 『**낡은 옷**』이 37절의 『**낡은 가죽 부대**』에 부합된다는 것을 의미한다. 새 천 조각을 낡고 닳은 옷에 대고 깁지 않는데, 이는 낡은 옷이 그 새 것이 받게 되는 긴장과 압박을 제대로 처리해 줄 수 없기 때문이다.

『**새 포도주**』는 『**포도송이**』에서(사 65:8) 방금 짜서 잔에 담은 포도즙을 지칭한다(창 40:11). 그것은 발효된 술이 아니다(신 32:14; 32:32,33). 새 포도주가 가죽 부대 안에서 시간이 지남에 따라 자연히 발효되기 시작하고 발효되는 과정에서 가스가 발생하기 시작한다. 『**새 포도주를 낡은 가죽 부대에**』 붓지 말아야 하는 이유는, 이미 팽창될 대로 팽창되어 탄력을 잃어버린 낡은 가죽 부대에 새 포도주를 채우게 되면 그것이 발효하기 시작할 때 발생하는 가스가 가죽 부대를 터뜨리게 될 것인데, 이는 그 부대가 더 이상 팽창할 여지가 없을 것이기 때문이다.

예수 그리스도께서는 이 마지막 실례에 더하여 다음과 같은 내용을 덧붙이신다. 『**또 묵은 포도주를 마시고 즉시 새 포도주를 원하는 사람은 아무도 없나니 이는 그 사람이 말하기를 '묵은 것이 더 좋다.' 함이라**』(39절). 바꾸어 말하면, 사람은 포도즙으로는 느낄 수 없는 일종의 "쾌감"을 묵은 포도주의 알코올 성분으로 맛보게 되는데, 그래서 알코올을 더 즐기는 것이다.

이상 세 가지 실례들을 통해 알 수 있는 중요한 사실은, 예수 그리스도 안에 있는 새로운 생명(고후 5:17)을 아담의 옛 본성과 혼합할 수 없고 또한 그럴 경우 그 생명의 효력이 완전히 사라진다는 점이다. 예수 그리스도 안에 있는 새 사람은 아담 안에 있는 옛 사람에게 붙어 있을 수 없다(엡 4:22-24). 부패한 육신으로부터 베어져 떨어져 나와야 하는데, 이것이 바로 "**영적 할례**"이다.

『**새 포도주**』는 성령의 유형이다(행 2:13, 엡 5:18). 성령께서는 당신의 몸 안에 들어와 사시기 전에 새로운 "**용기**"가 있으셔야 한다. 그 용기는 주 예수 그리스도의 영적인 몸이다. 따라서 당신이 구원받을 때 성령께서는 당신을 그리스도의 몸 안으로 침례받게 하시는데, 그렇게 함으로써 거주하실 적절한 용기를 마련하시는 것이다. 성령께서 당신을 "**그리스도 안에**" 넣으심으로써(고전 12:13) 예수 그리스도께서는 "**당신 안에**"(골 1:27) 계실 수 있게 된다.

나를 따라오라

『나를 따라오라.』라는 예수 그리스도의 명령은 아무에게나 주어지는 것이 아니다. 이 명령을 듣고 마태는 즉시 『모든 것을 버려 두고』 예수 그리스도를 따랐으며, 그 명령을 받은 것을 기뻐하여 『큰 잔치』까지 열었다.

우리도 『나를 따라오라.』라는 명령이 아무에게나 주어진 것이 아니고 오직 예수 그리스도의 피를 통해 구원받은 그리스도인에게만 주어지는 특권임을 기억하고, 기쁜 마음으로 예수 그리스도를 따라가는 그리스도인이 되어야 한다.

제5과 복습문제

1. 『이것을 보고 시몬 베드로가 예수의 무릎 앞에 엎드리어 말하기를 "나를 떠나가소서. 오 주여, 나는 (   )이로소이다."라고 하더라』(눅 5:8).

2. 『시몬과 동료인 세베대의 아들 야고보와 요한도 마찬가지더라. 그때에 예수께서 시몬에게 말씀하시기를 "두려워 말라. 이제부터 너는 (   )을 낚게 될 것이라."고 하시니라. 그들이 배들을 육지에 대고, (   )을 버리고 주를 따라가더라』(눅 5:10,11).

3. 『이 일이 있은 후에 주께서 길을 가시다가 세무소에 앉아 있는 레위라고 하는 한 세리를 보고 그에게 말씀하시기를 "(   )"고 하시니 그가 (   )을 버려 두고 일어나서 주를 따라가더라』(눅 5:27,28).

4. 『나는 의인들을 부르러 온 것이 아니요, 죄인들을 불러 (   )에 이르게 하려고 왔노라."고 하시더라』(눅 5:32).

■ 새롭게 깨달았거나 적용할 내용이 있다면 적어 보세요. ■

NOTES

NOTES

복습 문제 정답

제1과

1. O
2. 믿음, 행위
3. 선지자
4. 기도
5. 영, 능력
6. 죄인

제2과

1. O
2. X
3. O
4. O
5. O

제3과

1. X
2. X
3. X
4. O
5. O

제4과

1. 육신의 정욕, 안목의 정욕, 생의 자랑
2. X
3. X
4. X
5. X

제5과

1. 죄인
2. 사람들, 모든 것
3. 나를 따라오라. 모든 것
4. 회개

< 추 천 도 서 >

마태복음

피터 S. 럭크만 지음 / 748쪽

35,000원(eBook 24,500원)

마태복음은 교회와 교회 시대를 대상으로 기록된 책이 아니라. 유대인과 왕국을 겨냥하여 기록된 책이다.

요한복음

피터 S. 럭크만 지음 / 708쪽

30,000원(e-Book 21,000원)

본서는 말 그대로 예수 그리스도의 복음을 담고 있는 책으로 교회 시대의 성도들에게 영적 진리를 풍성하게 제공해 주고 있다.

조직신학

피터 S. 럭크만 지음 / 1,040쪽

50,000원

본서는 철저하게 〈킹제임스성경〉에 기반을 두고 하나님께서 정하신 성경적인 해석 방법에 따라 바른 신학을 집대성한 책으로 모든 성경 연구의 기준이 되는 교리서다.

하나님의 나라와 천국

피터 S. 럭크만 지음 / 258쪽

12,000원(eBook 8,400원)

성경의 주제인 왕국에 대해 가장 잘 다루어 놓은 책이다. 천국(Kingdom of Heaven)과 하나님의 나라(Kingdom of God)를 구분하여 정확하게 알려준다.

솔로몬 성경공부 시리즈

누가복음

제1권 나를 따라오라(1-5장)

초판1쇄 2025년 3월 7일
초판2쇄 2025년 4월 17일
지 은 이 / 편 집 부
발 행 인 / 박 승 용
발 행 처 / 말씀보존학회
출판등록 / 제409-2022-000036호
주 소 / 서울 강서우체국 사서함 제90호
전 화 / (02) 2665 - 3743
팩 스 / (02) 2665 - 3302
인 터 넷 / www.biblemaster.co.kr

값 10,000 원